期货交易者教育系列丛书

工业硅期货

中国期货业协会 编

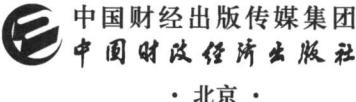

中国财经出版传媒集团
中国财政经济出版社
·北京·

图书在版编目（CIP）数据

工业硅期货 / 中国期货业协会编 . -- 北京 : 中国财政经济出版社, 2025. 6. --（期货交易者教育系列丛书）. -- ISBN 978-7-5223-3776-0

Ⅰ. F830.93

中国国家版本馆CIP数据核字第20253ZX378号

责任编辑：张　莹　吴韦印　　责任校对：胡永立
封面设计：王　颖　　　　　　责任印制：党　辉

工业硅期货
GONGYEGUI QIHUO

中国财政经济出版社 出版

URL：http://www.cfeph.cn
E-mail：cfeph@cfeph.cn

（版权所有　翻印必究）

社址：北京市海淀区阜成路甲28号　邮政编码：100142
营销中心电话：010-88191522　编辑部电话：010-88190912
天猫网店：中国财政经济出版社旗舰店
网址：https://zgczjjcbs.tmall.com

涿州汇美亿浓印刷有限公司印刷　各地新华书店经销
成品尺寸：170mm×230mm　16开　12印张　182 000字
2025年6月第1版　2025年6月河北第1次印刷
定价：36.00元
ISBN 978-7-5223-3776-0
（图书出现印装问题，本社负责调换，电话：010-88190548）
本社质量投诉电话：010-88190744
打击盗版举报热线：010-88191661　QQ：2242791300

《期货交易者教育系列丛书》编委会

编委会主任：杨　光
编委会委员：吴亚军　巫伟斐　王海智
　　　　　　冉　丽　孙明福

主　　　编：杨　光
执行编委：董文旭　林韵然　刘方媛
编撰人员：王彦青　刘佳奇　虞璐彦
　　　　　　王贤伟　刘城鑫

前 言

我国期货市场经过30多年发展，经历了从无到有、从小到大、从乱到治，探索中国特色期货监管制度和业务模式总体框架，取得了令人瞩目的成就。30多年来，期货市场的规则体系不断完善，品种创新有序推进，风险管理工具进一步丰富，对外开放进程明显加快。期货市场的规模稳步扩大，市场交易者结构逐步优化，资产管理和风险管理等创新业务探索取得初步成效。期货市场整体运行质量和效率不断提高，发现价格、管理风险和配置资源的基础功能得到发挥，在服务实体经济、促进产业升级、助力乡村振兴和维护国家经济金融安全等方面发挥着越来越重要的作用。

随着我国期货市场规模的不断发展壮大，新的市场参与者特别是个人交易者数量呈持续上升趋势。交易者是期货市场的重要主体，期货市场的发展离不开交易者的积极参与。中小投资者是我国现阶段资本市场的主要参与群体，但处于信息弱势地位，抗风险能力和自我保护能力较弱，合法权益容易受到侵害。维护中小投资者合法权益是证券期货监管工作的重中之重，关系广大人民群众的切身利益，是资本市场持续健康发展的基础。因此，当前我国期货市场正处于快速发展时期，做好期货交易者教育工作意义深远。

2013年，《国务院办公厅关于进一步加强资本市场中小投资者合法权益保护工作的意见》（以下简称《意见》）发布，指出要强化中小投资者教育，加大普及证券期货知识力度。将投资者教育逐步纳入国民教育体系，有条件的地区可以先行试点。充分发挥媒体的舆论引导和宣传教育功能。证券期货经营机构应当承担各项产品和服务的投资者教育义务，保障费用支出和人员配备，将投资者教育纳入各业务环节。提高投资者风险防范意识。自律组织应当强化投资者教育功能，健全会员投资者教育服务自律规则。中小投资者应当树立理性投资意识，依法行使权利和履行义务，养成良好投资习惯，不听信传言，不盲目跟风，提高风险防范意识和自我保护能力。2019年3月，中国证监会、教育部联合印发了《关于加强证券期货知识普及教育的合作备忘录》，旨在学校教育中大力普及证券期货知识，推动全社会树立理性投资意识，提升国民投资理财素质，维护社会和谐稳定。2022年8月1日，《中华人民共和国期货和衍生品法》正式施行，确立期货交易者权益保护制度。2024年10月11日，国务院办公厅转发中国证监会等部门《关于加强监管防范风险促进期货市场高质量发展的意见》，提出："加强对期货市场参与者尤其是中小企业和个人交易者的教育培训引导，增强市场参与者风险防控意识，维护中小交易者合法权益。"

随着《意见》的深入贯彻和落实，我国中小投资者保护工作取得了积极成效，围绕期货交易者教育工作，期货市场的监管部门、自律组织与中介机构都深入进行了大量形式多样、内容丰富、卓有成效的工作。由中国期货业协会（以下简称"协会"）组织编写的本套《期货交易者教育系列丛书》，就是协会按照行政监管部门统一部署，贯彻落实期货交易者教育工作的重要措施之一，也是协会积极响应《关于加强证券期货知识普及教育的合作备忘录》要求，推动期货知识进校园、进课堂、纳入国民教育体系的切入点。本丛书是为期货交易者编写的一套普及性读物，以广大普通交易者为服务对象，兼顾了专业机构的需求，采取简单明了的问答体例，在语言上力争做到深入浅出、通俗易懂、可读性强。衷心地希望本丛书的出版能够为期货交易者了解期货市场、树立风险意识、理性参与期货交易提供有益的帮助。

在此，我们对所有在本丛书编写和出版过程中付出辛勤劳动的朋友表示衷心感谢。由于编写时间紧迫，书中错误和疏漏在所难免，恳请读者批评指正。

中国期货业协会

2025年6月

目 录

目 录

第一章　认识工业硅 / 1

一、什么是工业硅？／ 1

二、工业硅行业是如何产生与发展的？／ 4

三、工业硅如何分类？／ 5

四、工业硅是如何生产的？／ 8

五、工业硅生产成本有哪些？／ 11

六、工业硅的用途有哪些？／ 14

七、工业硅现货如何流通？／ 15

八、工业硅产业链上下游是怎样的？／ 16

九、如何理解工业硅与硅能源的关系？／ 21

自测题 ／ 21

参考答案 ／ 23

第二章　工业硅的供求 / 24

一、全球工业硅生产情况如何？／ 24

二、全球工业硅消费情况如何？／ 27

三、全球工业硅交易情况如何？／ 29

四、我国工业硅的生产情况是怎样的？／ 29

五、我国工业硅进出口格局是怎样的？／ 37

六、我国多晶硅对工业硅需求情况如何？／ 39

七、我国有机硅对工业硅需求情况如何？ / 42

八、我国铝合金对工业硅需求情况如何？ / 45

自测题 / 47

参考答案 / 49

第三章　工业硅期货合约 / 50

一、工业硅的期货交易和现货交易有何不同？ / 50

二、工业硅期货合约的基本内容是什么？ / 52

三、工业硅期货有哪些风险控制措施？ / 56

自测题 / 59

参考答案 / 60

第四章　影响工业硅价格的主要因素 / 62

一、影响工业硅价格的主要因素有哪些？ / 62

二、宏观经济形势如何影响工业硅价格？ / 65

三、工业硅生产成本对工业硅价格有影响吗？ / 68

四、工业硅的供需关系如何影响价格？ / 70

五、如何看待产业政策对工业硅价格的影响？ / 73

六、海外需求如何影响工业硅价格？ / 74

自测题 / 76

参考答案 / 79

第五章　企业如何利用工业硅期货进行套期保值 / 80

一、什么是工业硅期货的套期保值？ / 80

二、企业为什么要参与套期保值？ / 81

三、套期保值的原理有哪些？ / 83

四、如何确定企业的风险与风险敞口？ / 84

五、工业硅相关企业有哪些套期保值策略？ / 85

六、如何理解基差对套期保值的影响？ / 88

七、企业套期保值方案如何制订？ / 91

八、工业硅期货还能帮助企业解决哪些问题？ / 93

九、如何理解套期保值中的止损？ / 94

十、套期保值可能存在哪些风险？ / 95

十一、如何进行套期保值的会计处理？ / 96

十二、如何评价工业硅套期保值的效果？ / 99

自测题 / 100

参考答案 / 102

第六章　如何利用工业硅期货进行套利 / 103

一、什么是期货套利？ / 103

二、期货套利交易有什么原理与特点？ / 104

三、工业硅期货套利交易对市场有什么影响？ / 105

四、如何挖掘工业硅期现套利机会？ / 106

五、如何挖掘工业硅跨期套利机会？ / 109

六、利用工业硅期货进行套利存在什么风险？ / 111

自测题 / 112

参考答案 / 113

第七章　工业硅期权合约 / 114

一、什么是期权？ / 114

二、影响工业硅期权价格的因素有哪些？ / 120

三、工业硅期权合约是怎样的？ / 123

四、工业硅期权如何行权？ / 125

五、工业硅期权如何结算？ / 126

六、工业硅期权有何风控措施？ / 127

自测题 / 131

参考答案 / 133

第八章　工业硅期权运用策略 / 134

一、工业硅期权套期保值基本策略是什么？ / 134

二、工业硅期权与期货结合有什么策略？ / 137

三、如何运用工业硅期权的价差策略？ / 140

四、如何运用工业硅期权的波动率策略？ / 142

五、如何利用期权的希腊字母进行交易？ / 145

六、工业硅期权交易有哪些风险？ / 148

自测题 / 150

参考答案 / 153

第九章　工业硅期货的交割 / 154

一、工业硅期货采用什么交割方式？为什么要进行交割？ / 154

二、工业硅期货的质量规定需要注意哪些内容？ / 157

三、工业硅期货的交割库在哪里？升贴水如何设置？ / 158

四、什么是工业硅期货的标准仓单？ / 164

五、什么是交割结算价？ / 164

六、企业进行工业硅期货交割具体有哪些步骤？ / 165

七、交割环节存在哪些费用？ / 169

八、交割质量争议如何处理？ / 172

九、交易所对交割违约情况是如何规定的？ / 173

十、厂库交割和仓库交割有何异同？ / 175

自测题 / 175

参考答案 / 176

后　记 / 177

第一章

认识工业硅

> **本章要点**
>
> 硅在我们的日常生活中随处可见,被广泛地运用于社会经济活动的方方面面。为了帮助投资者了解工业硅的基础知识,本章主要对工业硅的概念、分类方法、行业结构、生产流程、市场流通等方面进行介绍。

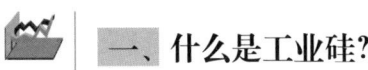

一、什么是工业硅?

硅(Silicon)是地壳构成中第二丰富的元素(见图1-1),占地壳总质量的26.4%,仅次于氧元素。在自然界中,硅主要是以二氧化硅和硅酸盐的形态存在,二氧化硅也是地壳中含量最丰富的化合物。

图1-1 硅（化学元素）

工业硅（Silicon Metal），又名金属硅、结晶硅，是由硅矿石（石英砂，主要成分为二氧化硅）和碳质还原剂（木炭、石油焦、煤等）在矿热炉内冶炼成的产品。

工业硅在固体状态下呈现出深灰色，并具有金属光泽，常见硅的物理形态如图1-2所示。此外，它还拥有类似钻石的正四面体稳定结构，熔点为1683℃，沸点为2628℃。在650℃以下，工业硅不具备导电性，可以被用作绝缘材料，但当温度超过650℃时，它开始展现出导电性，并且随着温度升高，导电性逐渐增强。

图1-2 常见硅的物理形态

工业硅的外观类似于金属，但在化学反应中更多地表现出非金属性质。在常温下，工业硅的化学性质并不活泼，但在高温下，它能够与氧、氯等多种元素结合形成化合物。工业硅不溶于水，但它能够溶解于碱液，以及硝酸、盐酸或氢氟酸混合液。这一特性在工业硅的化学元素检测中非常有用。在对工业硅的成分进行精确检测时，一般将工业硅样本中的硅以氟化物的形式挥发出去，然后分析残留的铁、铝、钙等元素的含量。

根据《中华人民共和国国家标准 工业硅》(GB/T 2881-2023，以下简称《工业硅国标》) 工业硅各牌号硅含量介于 97.1%~99.79%。工业硅并不是自然生成的产品，而是在硅行业的发展过程中，根据生产流程和质量标准定义的一类冶金产品。

> **延伸阅读**
>
> ### 硅名称的由来
>
> 英语中"硅"最初被称作"silicium"，起源于拉丁语"silex"，译作"打火石"。那么"silicium"是如何演变为如今的"silicon"的呢？目前有两种说法：一种说法是学者们为使硅的名称与碳（carbon）和硼（boron）一样押韵，将其英文名更改为如今的"silicon"；另一种说法则是英国化学家托马斯·汤姆森认为硅是非金属，提出"silicon"更为合适。
>
> 汉语中的"硅"是民国早年创造的新字，当时西方的化学知识传入中国，按音译原则造字"矽"(xī) 表示"silicon"，与化学元素 Si 的发音接近。1900 年，日本学者将"silicon"的日译名定为"硅素"。1915 年，受翻译日本化学教科书的影响，中华民国教育部颁布的《无机化学命名草案》将"silicon"的中文名定为"硅"。虽然"硅"为官方所定，但"矽"字的使用范围更广，使用频率反而比"硅"要高。1932 年，中国化学会成立，重新审议了"silicon"的译名问题，恢复了以音译原则而创造的"矽"字的使用。此后，"矽"字在国内得到了进一步推广。新中国成立后，化学家在统一化学名词时，考虑到化学物质中读"xī"的元素太多，如锡、硒、烯等，为避免混淆，重新启用了"硅"字。从此，"硅"在中国大陆普及开来。不过，在中国台湾地区，人们仍然使用"矽"字。

二、工业硅行业是如何产生与发展的？

硅的发现最早可以追溯至 18 世纪，科学家们经过了一段时间的探索，对硅形成了初步的认知。1811 年，盖－吕萨克先制得了四氟化硅，后又和泰纳尔一起，通过对钾和四氟化硅加热进行还原，得到了一些不纯的无定形硅，并根据拉丁文"silex"（燧石）将其命名为"silicon"，但由于纯度过低，无法进行进一步分析研究。1823 年，瑞典化学家贝采利乌斯改进了实验，提炼出高纯度的无定形硅，这是硅首次以一种元素单质的形式被发现。1854 年，法国科学家德维尔将无定形硅与氯化钠、氯化铝混合后电解，得到了较纯的晶体硅。由于早期的生产成本较高，生产效率低下，在一定程度上限制了工业硅的发展。

硅在铝硅合金和有机硅上的应用较早。早在 1895 年，含硅的铝合金便已被用于门闩式汽车车门的生产，此后人们逐渐认识到铝硅合金质轻、耐蚀的特点，将其更多地应用在汽车工业及机器制造业。1901 年，英国化学家基平合成出第一个有机硅聚合物并将其正式命名为"有机硅"。20 世纪 40 年代，采用罗乔—米勒直接法合成有机氯硅烷的工艺为有机硅行业的大规模工业化奠定了基础。进入 20 世纪 50 年代，瓦克、拜尔、信越化学等公司纷纷建立有机硅生产装置，各种性能优异的硅油、硅橡胶、硅树脂、偶联剂等相继出现，有机硅进入发展期。20 世纪 60 年代，人们发现在硅晶体中掺入极微量的第三主族元素（如硼），或者第五主族元素（如磷或砷），硅就会表现出很活跃的半导体性能。这使硅元素来到了科学技术最前沿，成为主要的半导体材料，半导体行业的发展也拉动了工业硅需求的快速增长。

目前，铝硅合金在机器制造、汽车发动机制造等领域发挥了重要作用，需求量也不断提升。有机硅被广泛应用于航空航天、电子电气、建筑、运输、化工、纺织、食品、轻工、医疗等行业。多晶硅主要用于除半导体之外的光伏产业中。硅行业下游逐渐发展为铝合金、多晶硅、有机硅三足鼎立的状况。

三、工业硅如何分类？

根据《工业硅国标》，工业硅按铁、铝、钙这三种杂质含量的不同进行分类。工业硅牌号由硅元素符号和4位数字表示，4位数字分别代表产品中主要杂质元素铁、铝、钙的最高含量。其中，铁含量和铝含量取质量分数小数点后的一位数字，钙含量取质量分数小数点后的两位数字。通常，工业硅有Si5530、Si4410、Si4210、Si3303、Si2202等规格（见表1–1）。在实际贸易中，市场流通多为杂质要求相对偏低的品类，如Si5530与Si4210等，人们通常将最后一位数字"0"省略，记作Si553及Si421。

表1–1　　　　　　　　　工业硅部分常见牌号

牌号	化学成分（质量分数）（%）			
	名义硅含量，不小于	主要杂质元素含量，不大于		
		铁（Fe）	铝（Al）	钙（Ca）
Si1101	99.79	0.10	0.10	0.01
Si2202	99.58	0.20	0.20	0.02
Si3303	99.37	0.30	0.30	0.03
Si4110	99.40	0.40	0.10	0.10
Si4210	99.30	0.40	0.20	0.10
Si4410	99.10	0.40	0.40	0.10
Si5210	99.20	0.50	0.20	0.10
Si5530	98.70	0.50	0.50	0.30

资料来源：国家标准化管理委员会。

工业硅的名义硅含量等于100.0%减去表1–1中所列杂质总和的余量，但除了铁、铝、钙外，工业硅通常还含有镍、钛、硼、磷、铅、汞等微量元素，这些微量元素的含量不影响牌号的划分，但在生产经营活动中，会根据用途的不同对微量元素含量提出不同的要求（见表1-2）。

表1-2　　　　　　　　工业硅微量元素含量要求

用途	微量元素含量（质量分数），不大于 %											
	镍(Ni)	钛(Ti)	磷(P)	硼(B)	碳(C)	锰(Mn)	铬(Cr)	铅(Pb)	镉(Cd)	汞(Hg)	六价铬(Cr^{6+})	钒(V)	其他单个
多晶硅用	—	0.060	0.0080	0.0060	0.080	—	—	—	—	—	—	—	0.01
有机硅用	0.015	0.060	—	—	—	0.040	0.010	0.0010	—	—	—	0.030	0.01
冶金硅用	—	—	—	—	—	—	—	0.10	0.010	0.10	0.10	—	0.03

资料来源：国家标准化管理委员会。

按用途划分，工业硅分为化学级、冶金级两大品类，化学级工业硅又分为有机用硅和多晶用硅。多晶用硅用于制造太阳能电池板，主要关注的微量元素为钛、磷、硼、碳，有机用硅则用于建筑、电子电器、纺织品等行业，主要关注的微量元素为镍、钛。冶金用硅主要用于金属冶炼和合金生产，对非金属杂质的要求相对较低，主要关注的微量元素为铅、镉、汞、铬。

简而言之，在实际的贸易中，不同类别的工业硅适用于不同的工业和科技领域。各类型企业对微量元素的要求不尽相同，一般会在订货单或合同中注明对微量元素的要求，以满足特定用途。

延伸阅读

各类"硅"的释义与区分

1. 工业硅与多晶硅

工业硅是生产多晶硅的主要原材料，而多晶硅则是半导体及光伏行业的核心原材料，工业硅所含杂质相对较多，而多晶硅纯度极高。通常，人们用术语"硅料"来简称多晶硅。

2. 单晶硅与多晶硅

硅元素有无定形硅和晶体硅两种同素异形体，无定形硅在物理学定义上属于非晶硅，晶体硅又分为多晶硅和单晶硅。

多晶硅：熔融的硅在过冷条件下凝固时，硅原子以金刚石晶格形态排列成许多晶核，这些晶核长成晶面取向不同的晶粒，晶粒结合起来就结晶成多晶硅。

单晶硅：沿用多晶硅概念，晶面取向相同的晶粒结合起来就是单晶硅。

非晶硅：不具有完整的金刚石晶胞，棕黑色或灰黑色的微晶体，熔点、密度和硬度也明显低于晶体硅。

多晶硅、单晶硅和非晶硅的物理形态如图1-3所示。

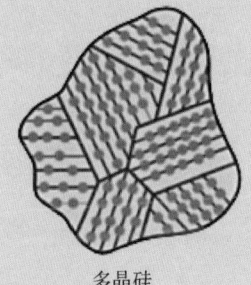 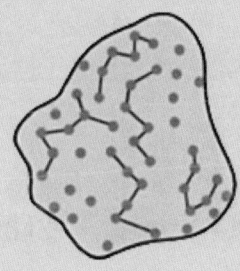

多晶硅　　　　　　　　单晶硅　　　　　　　　非晶硅

图1-3　常见硅的物理形态

3. 工业硅、硅铁与锰硅

硅铁是硅元素与铁元素形成的合金，硅铁主要以硅元素为主。在炼钢过程中，硅铁只作为脱氧剂来使用。但硅铁除了用来炼钢，还可以用来冶炼金属镁。

锰硅是含有足够硅量的锰铁，锰硅主要以锰元素为主，锰能降低钢的脆性，并提高其强度、硬度和抗磨损度，螺纹钢、高锰合金特种钢等对锰硅的需求很大。锰硅在炼钢过程中既可作为脱氧剂，也可作为脱硫剂。除炼钢外，锰硅基本不存在其他下游渠道。

简而言之，硅铁以及含硅量更高的锰硅均为铁合金（见图1-4），并不属于工业硅产业链的范畴。

图1-4 锰硅（左）与硅铁（右）

四、工业硅是如何生产的？

（一）工业硅生产的化学原理

工业硅的生产主要基于氧化还原反应，是以硅石（主要成分$SiO_2 \geqslant 99.2\%$，通常形态为石英石或鹅卵石）、碳质还原剂（石油焦、洗精煤、木炭等）以及疏松剂（木片、木块、玉米芯、松子球、椰子壳等）为原料，在矿热炉内连续进行电热化学反应的过程。本质是将硅石中的二氧化硅还原成为单质硅，化学反应方程式为：

$$SiO_2 + 2C \rightarrow Si + 2CO \uparrow$$

（二）工业硅生产对原料的要求

工业硅对生产原料——硅石的质量要求十分严格，原料的理化性能必须符合工艺要求，如杂质含量、粒度等，并且还需要具有良好的热稳定性与抗爆性。用于生产优级工业硅的硅石，其氧化物杂质含量应达到 Fe_2O_3 小于 0.15%，Al_2O_3 小于 0.20%，CaO 小于 0.15% 的标准；生产超优质工业硅，对氧化物杂质含量要求更高，对硅石中其他微量元素也会作出相应要求。在还原剂方面，需要对木炭、石油焦、煤等进行合理的配比，要有一定的粒度和机械强度，需要具有灰分低、化学反应性强、固定碳高、比电阻高、挥发分适中等特性。

硅石矿中的杂质对工业硅生产有两点主要影响，一是杂质含量高，会导致渣量和杂质消耗的热量增加；二是杂质在矿热炉里会有一定数量被还原并进入硅熔液，杂质含量越高，还原倾向与还原数量越多。根据测算分析，SiO_2 含量每降低 1%，硅元素回收率降低 2%，每吨产品电耗增加约 300 度。

从物理化学特性上看，冶炼工业硅所用硅石必须有足够的热稳定性与良好的抗爆性。通常情况下，结晶水含量较高的硅石受热后会因结晶水分解逸出而剧烈膨胀破裂，热稳定性较差。工业硅用硅石结晶水含量应不超过 0.5%，剧烈膨胀的起始温度不低于 1150℃。

另外，孔隙率小、石英颗粒细而致密的硅石的还原性和反应性较差，使用这样的硅石会使料层发黏、透气性差。同时，硅石粒度也不能过大。若粒度过大，不能与捣炉沉料的反应速率相适应，会导致未反应的硅石沉入炉底或进入硅熔液中。因此，在工业硅生产中不宜使用致密状硅石（硅石孔隙率不超过 1.2%）。目前，我国小型工业硅电炉的硅石入炉粒度为 10~50 毫米，中型电炉的硅石入炉粒度为 20~70 毫米，大型电炉的硅石入炉粒度为 30~80 毫米。若电炉的抗爆性能差，则硅石粒度可适当放大。因此在选择硅石时，不仅要对硅石进行化学成分分析，还要对其进行物理、化学性能试验。

（三）工业硅的生产流程

工业硅具体的生产流程如下：首先，以经过水洗去除泥土等杂质后的硅石作为原料,将破碎到一定粒度的煤、石油焦、木炭等作为还原剂,并将硅石与还原剂按一定的配比称量加到矿热炉内,由变压器导入的电流通过电极及炉料电阻产生的热量和电极端的电弧热将炉料加热到2000℃以上,二氧化硅被碳还原剂还原生成工业硅液体和一氧化碳(CO)气体,CO气体通过料层逸出,并将炉料预热。随后在硅水包底部通入氧气、空气混合气体,以去除钙、铝等其他杂质。再通过电动包车将硅水包运到浇铸间浇铸成硅锭。硅锭冷却后进行破碎、分级、称量、包装、入库,得到成品硅块。生产流程如图1-5所示。

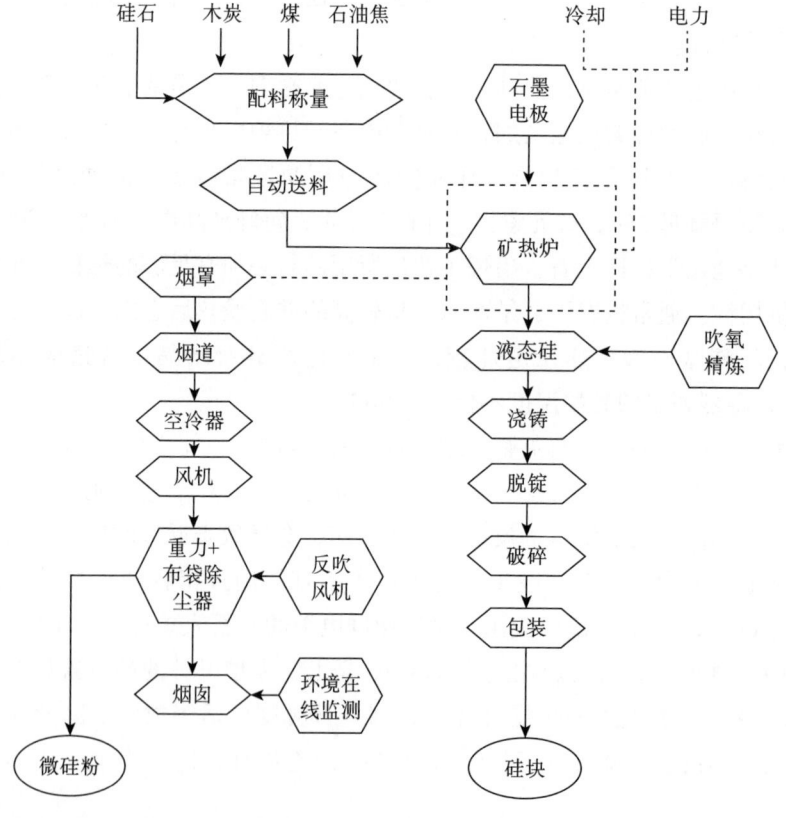

图1-5 工业硅生产流程

注:⬡ 代表生产装置   ⬭ 代表产品

资料来源:合盛硅业招股说明书。

> **延伸阅读**
>
> ### 工业硅矿热炉
>
> 工业硅的生产在矿热炉中进行。除了生产工业硅,矿热炉还常用于生产硅铁、硅锰等合金,由于其主要用于金属氧化矿石的还原冶炼,因而得名矿热炉,其他常见名称还有电弧电炉或电阻电炉。矿热炉利用电极端部的电弧热和炉料或炉渣的电阻热将电能转换为热能,使金属等有用元素从矿石或氧化物中被还原出来。熔化加热矿物需要大量热能,因此矿热炉耗电量巨大,通常矿热炉的大小需要通过特种变压器额定容量来衡量,如 12500 千伏安、25500 千伏安、33000 千伏安等。

五、工业硅生产成本有哪些?

工业硅的生产成本主要包括能源消耗、原料消耗、维护费用、人工成本、三费(财务、管理、销售费用)以及设备折旧等方面。

矿热炉内的硅石在还原过程中会消耗大量电力,在工业硅成本构成中电力成本占比最大,生产 1 吨工业硅需耗电约 1.3 万度。

由于工业硅生产耗电量高,产能基本集中在低电价地区,以西南的云南、四川以及西北的新疆为主。川滇地区电力成本季节性特征明显,主要因为两地电力结构以水电为主,该地区企业主要采取"水—电—硅"的生产模式,在枯水期电力成本上升,企业会选择减产以保障经济性,所以在每年的 12 月至次年 5 月,川滇地区的工业硅企业开工率较低,但在丰水期,工业硅企业开工率会大幅提升。新疆地区电价运行稳定,特别是具有自备电厂的工业硅企业成本优势突出,所采取的"火—电—硅"生产模式使新疆地区的工业硅企业开工率较为平稳。图 1-6 为新疆、云南、四川的工业硅生产平均电价波动情况。

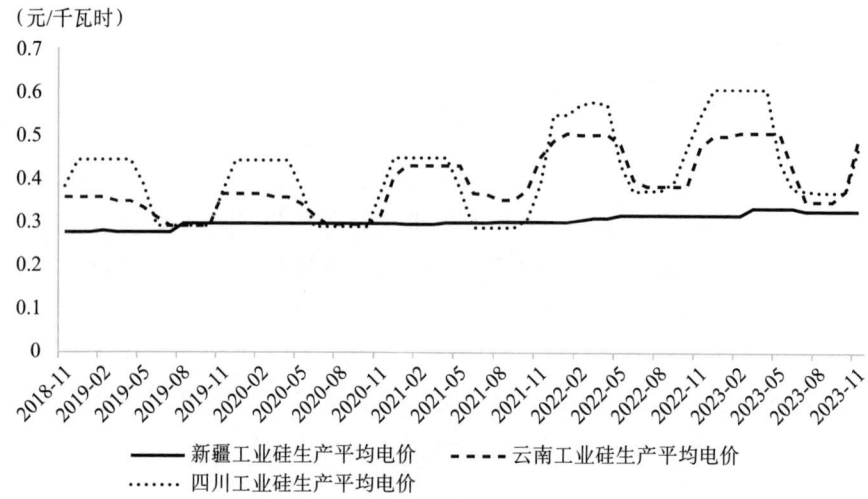

图 1-6 工业硅生产平均电价

数据来源：上海有色网。

硅石是工业硅的最初级原料，生产1吨工业硅需要2.7~3吨硅石。并非所有的硅石都适合用于生产工业硅，工业硅用硅石中SiO_2的含量要求不低于99.0%，主要以石英岩和脉石英为主。目前，我国硅石资源主要分布在石英岩中。我国石英矿资源丰富，保有矿石储量超过40亿吨，但是高品质的脉石英仅占我国石英矿资源的0.93%，主要集中在湖北、云南、广西等地（见图1-7）。

碳质还原剂是工业硅生产中的重要原料，不同地区的工业硅生产企业所用碳质还原剂有所不同，主要包括石油焦、洗精煤、木炭等。其中较为普遍使用的石油焦分为国产和进口两个来源，国内供应商主要有扬子石化、广州石化、茂名石化、塔河石化等，进口主要来自中国台湾、沙特等地。洗精煤主要来源为新疆、宁夏、山西、陕西、贵州等地。木炭多进口自缅甸，云南工业硅企业使用较多，四川及其他产区偶有使用。在工业硅生产过程中需用到的电极和木片均产自国内。

按照还原剂的选择，工业硅生产可分为全煤工艺和非全煤工艺，近年来洗精煤作为还原剂使用占比有所提高。全煤工艺还原剂基本仅采用低灰煤与木块，而非全煤工艺的还原剂则需要加入木炭、石油焦等其他还原剂。早年

第一章　认识工业硅　13

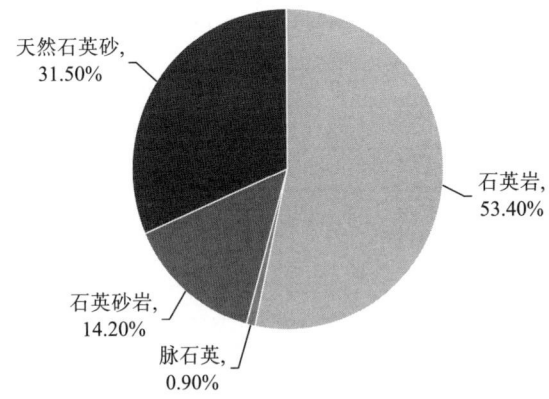

图 1-7　我国硅石资源分布情况

数据来源：我的钢铁网。

生产基本为非全煤工艺，还原剂以木炭为主，但随着森林砍伐受限，木炭成本上升，出于环保与成本的考虑，个别企业也摸索出了全部采用优质低灰煤作为还原剂的全煤工艺。从产业整体发展看，近年来木炭的使用量有所减少，而洗精煤、石油焦的使用则显著增加（见表1-3）。

表1-3　全煤工艺和非全煤工艺生产1吨工业硅所耗电力与原料对比

项目	全煤工艺	非全煤工艺
电耗（kWh）	12000~13500	12000~13000
硅石（kg）	2650~2900	2700~3000
低灰煤（kg）	1100~1200	450~600
木炭（kg）	—	500~950
石油焦（kg）	—	800~1000
木块（kg）	500~850	300~680
电极（kg）	70~100	60~100

数据来源：我的钢铁网。

以2023年11月数据计算的新疆Si5530工业硅的成本如表1-4所示。

表 1-4　　　　　　　　新疆 Si5530 单吨工业硅成本

类别	项目	单耗（t）	单价（元）	成本（元）	占比（%）
能源消耗	电力（kWh）	13500	0.33	4432.5	32.56
原料消耗	硅石（t）	3	500	1500	11.02
	石油焦（t）	0.6	1440	864	6.35
	洗精煤（t）	1.5	2052.5	3078.75	22.62
	木片（t）	0.3	550	165	1.21
	电极（t）	0.08	13650	1092	8.02
	其他	—	—	680	5.00
维护费用	—	—	—	200	1.47
人工成本	—	—	—	700	5.14
三费	—	—	—	300	2.20
设备折旧	—	—	—	600	4.41
合计				13612.25	100.00

数据来源：上海有色网。

六、工业硅的用途有哪些？

工业硅的三大用途是制取高纯度的多晶硅、生产有机硅和制造硅铝合金。其中，多晶硅被广泛应用于半导体工业与光伏产业，其产品主要包括太阳能电池片、芯片。有机硅被广泛应用于化学工业、电子工业、纺织工业等，其产品涵盖了硅油、硅橡胶、硅树脂、硅烷偶联剂、白炭黑等。硅铝合金产品最重要的用途为汽车工业制造。随着科技的发展，工业硅的用途也越来越多。

除了上述三大下游需求端外，工业硅也用于耐火材料、三氯氢硅、硅石墨负极等产品的生产。

2024 年我国各行业工业硅消费结构如图 1-8 所示。

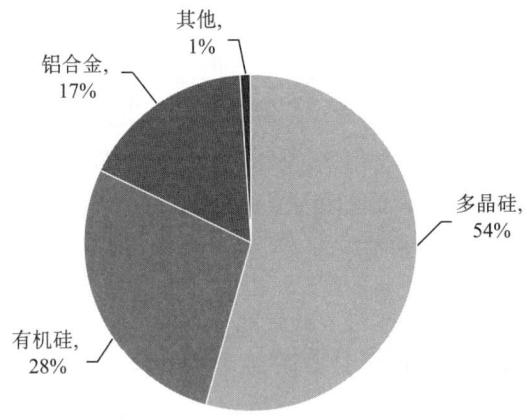

图 1-8　2024 年我国工业硅消费结构

资料来源：百川盈孚。

七、工业硅现货如何流通？

工业硅海外贸易集中且具有高流动性的特点，每年全球贸易流通量为120万吨左右（不含各国国内贸易量），约占全球产量的1/3。海外贸易流向集中，巴西、挪威、加拿大是主要的出口国，巴西和挪威主要出口到欧洲、美国和日本，加拿大绝大部分工业硅出口流向美国。主要进口国为德国、日本、美国、荷兰等。整体产业格局分工明确，净出口国全力发挥生产端比较优势，下游产业整体发展不足；而主要进口国则致力于发展工业硅下游产业链。

尽管我国早已是全球工业硅最大生产国，但我国出口到欧美的工业硅较少，主要是因为以美国和欧盟为代表的国家和地区对中国工业硅实行了超过30年的进口限制，在一定程度上阻碍了工业硅产品的自由流通。

从国内来看，工业硅贸易以经销为主、直销为辅，其中经销贸易占比近80%。直销产品主要针对有机硅下游，有机硅企业对工业硅质量稳定性要求较高，少有贸易商参与。经销主要发生在国内铝合金、多晶硅、出口等环节。虽然我国是全球主要的贸易输出国，但国内工业硅生产企业一般只在国内设立工厂，海外直销能力不足，需借助贸易商进行海外销售。另外，合金用硅占据全球贸易量的主导地位，而合金用硅的下游需求较为统一，且下游消费企业数量众多、分布广泛，更适合采用经销模式。

八、工业硅产业链上下游是怎样的？

工业硅产业链上游由硅石原料、碳质还原剂、石墨电极以及电力等构成，下游三大消费领域为有机硅、多晶硅和铝合金。工业硅产业链结构如图1-9所示。

从工业硅三大下游的终端应用来看，有机硅应用领域较广，主要终端有建筑装饰、电子、家电、电力新能源、医疗护理、纺织、交通等；铸造铝硅合金主要应用于汽车、摩托车、建材；多晶硅有光伏发电和半导体两方面的重要应用。

（一）多晶硅

按用途及质量标准划分，可以将多晶硅分为太阳能级多晶硅和电子级多晶硅。太阳能级多晶硅应用于光伏产业，电子级多晶硅应用于半导体行业。

光伏市场是多晶硅最重要的终端消费领域。多晶硅料制成多晶硅锭或单晶硅棒，切片后得到多晶硅片或单晶硅片，将硅片以一定方式排列后制成电池，进一步生产光伏组件后可应用于光伏发电系统。国际能源署（IEA）数据显示，2023年全球新增光伏装机量446吉瓦，同比增长89%，累计光伏装机容量达到1.6太瓦，全球光伏市场正处于快速发展阶段。

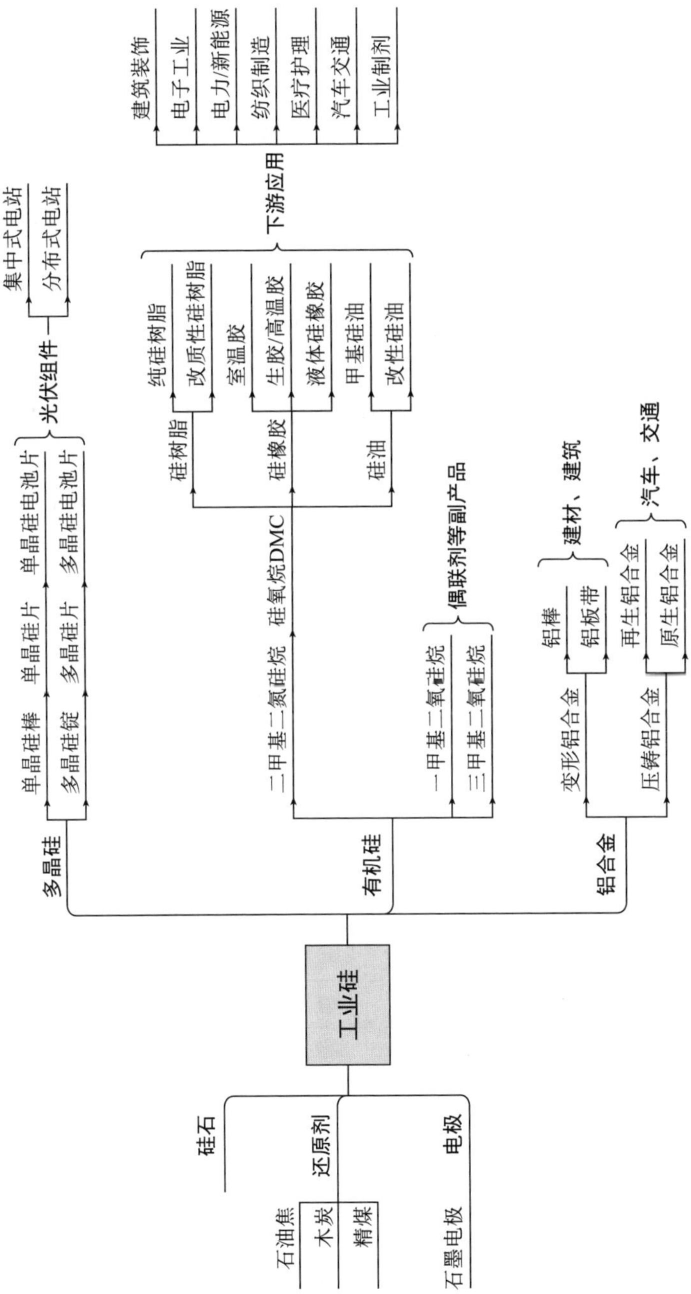

第一章 认识工业硅 17

图1-9 工业硅产业链结构

资料来源：广州期货交易所。

半导体市场所需求的多晶硅为电子级多晶硅，电子级多晶硅可分为电子级区熔用多晶硅和电子级直拉用多晶硅，其中电子级直拉用多晶硅市场占比更高，达到90%以上。采用区熔法（FZ）生产的单晶硅晶体中氧、碳含量低，载流子浓度低，电阻率高，主要用于制造IGBT、高压整流器、晶闸管、高压晶体管等高压大功率半导体器件。直拉法（CZ）生产的单晶硅片广泛应用于集成电路存储器、微处理器、手机芯片和低电压晶体管、电子器件等电子产品。

电子级多晶硅的生产主要集中在美国、德国和日本等少数几个国家的多晶硅企业，中国的电子级多晶硅依赖海外进口。不过，在国家强基工程、集成电路产业投资基金等专项支持下，国内已经有电子气体、区熔用多晶硅和直拉用多晶硅样品进入下游用户认证与试用阶段，随着政策扶持力度加大、企业创新水平提升，未来国内半导体市场使用的电子级多晶硅有望实现国产化供应。

（二）有机硅

有机硅下游产品包括硅橡胶、硅油、硅树脂、硅烷偶联剂等，其中硅橡胶又分为室温胶和高温胶两大类（见表1-5）。

表1-5　　　　　　　　　有机硅消费应用领域

产品类型	特性	应用领域	具体产品
硅橡胶	耐疲劳、耐高低温、耐老化、电池绝缘性、疏水性、生理惰性	汽车	保护罩、软管、垫圈、密封件、雨刮片、门窗外框及其他部件的粘接密封
		电子电器	键盘及保护罩、LED的固定及灌封
		电缆	电缆外包材料、电线绝缘子
		航空航天	胶管、面罩、密封垫圈
		建筑	厨卫、公路等方面胶粘剂、填缝剂、密封剂
		医疗	奶嘴、人造器官、软管、人工角膜、耳塞
		其他	薄膜、家居用品、光伏封装

续表

产品类型	特性	应用领域	具体产品
硅油	耐热性、耐候性、电绝缘性、疏水性、生理惰性	纺织印染	柔软剂、润滑剂、整理剂、织物涂层
		造纸	柔软剂、隔离剂
		机械	润滑油、阻尼油、防震油、泵油
		电子	变压器、晶体管绝缘、抗热防湿材料
		化工医疗	消泡剂、药用添加剂、润滑剂、灭菌剂
		其他	脱模剂、表面处理材料
硅树脂	耐寒性、耐候性、疏水性、电绝缘性能等	电子电器、涂料	绝缘剂、涂料、黏结剂、硅塑料
硅烷偶联剂	耐候、黏结、地表张力和生理惰性	涂料、加工助剂	涂料添加剂、轮胎补强材料
气相白炭黑	稳定、补强、触变性	添加、加工助剂	催化剂载体、石油化工、脱色剂、消光剂

资料来源：上海有色网。

硅橡胶由于其耐疲劳、耐高低温、电绝缘性好等优良性能在多领域广泛应用，其终端应用覆盖电子电器、建筑建材、航空航天、化工医疗、光伏等多个领域。

硅油具有卓越的耐热性、电绝缘性、耐候性、疏水性、生理惰性和较小的表面张力，被广泛用于绝缘、润滑、防震油以及日用化妆品的消泡剂和纺织用处理剂制造等领域。硅树脂具有突出的耐候性，即使在紫外线强烈照射下仍耐泛黄，是任何一种有机树脂所望尘莫及的。

硅烷偶联剂因其耐水、耐候等性能，主要用作密封剂、黏结剂和涂料增黏剂，可以解决某些材料长期以来无法黏结的难题。硅烷偶联剂作为增黏剂的作用原理在于它本身有两种基团，一种基团可以和被黏的骨架材料结合，而另一种基团则可以与高分子材料或黏结剂结合，从而在黏接界面形成强力较高的化学键，大大改善了黏结强度。

气相白炭黑为一种松散、无定形、无毒、无味、无嗅、无污染、白色粉末状的非金属化合物，其原生粒径介于7~80纳米，比表面积一般大于100

平方米/克,因此又称"纳米白炭黑",由于其纳米效应在材料中表现出卓越的补强、增稠、绝缘性质,因此被广泛用于添加剂、脱色剂、橡胶补强剂。

(三) 铝合金

铝合金可分为铸造铝合金和变形铝合金两种类型,汽车和摩托车制造占铸造铝合金下游消费的70%左右,建筑和结构制造占变形铝合金下游消费的40%左右,其中结构主要为各类铝合金支架结构,如光伏用支架等。

汽车铝合金使用件主要集中在变形铝合金和铸造铝合金两部分,变形铝合金包括发动机罩、翼子板、顶盖和后备箱盖等部件,铸造铝合金则主要包括汽车发动机、轮毂和变速器等。铸造铝合金在汽车用铝合金中占据主导地位,占汽车用铝量的80%左右。细分来看,目前汽车用铝合金材料中55.1%使用高压压铸生产,25.7%为普通铸造,8.9%为轧制,8.6%为挤压,1.7%为锻造。

铝合金在建筑上广泛用于建筑工程结构和建筑装饰制造,如幕墙、门窗框、阳台和楼梯扶手、建筑五金以及施工用模板等。

光伏用铝合金主要为组件和装机所用支架两部分,其中光伏组件的边框材料分为铝合金、钢材、复合材料边框三种,其中铝合金边框使用比例为95%以上。光伏装机支架分为集中式和分布式两种,其中分布式主要采用铝合金支架,集中式光伏因造价和载重需求,一般不采用铝合金支架。

摩托车是应用铝合金较多的行业,但以配件为主,主要用于制造轮毂、发动机气缸、前叉、托架、交换器零件、活塞等。目前我国中小排量(排量≤250cc)的摩托车车身仍主要采用钢材以保证强度和安全性,其中铝制品占比约为10%。而电动摩托车车身主要采用ABS工程塑料且没有发动机,因此整体车身较轻,铝制品占比低于10%。

家电用铝合金以配件为主,特点是单品用量少、形态多样。绝大部分洗衣机的电机为铝电机,部分配件及内筒为铝合金。冰箱用铝集中在压缩机和内胆等部分。彩电用铝部分通常为中框、前壳和底座等。空调用铝主要为铝箔形式,用于制造空调冷凝器和蒸发器翅片。

总体来看,工业硅产业链直接上下游颇为清晰,但若延伸至终端应用,则具有涉及范围广、相关行业多的特点,因此,工业硅在产业链中有"工业味精"之称。

 九、如何理解工业硅与硅能源的关系？

继 2020 年我国明确提出"双碳"目标后，2022 年又进一步提出要把促进新能源和清洁能源发展放在更加突出的位置，积极有序发展光能源、硅能源、氢能源和可再生能源。

通常我们提到能源时指的是能量来源，而硅能源则是指将多晶硅及其相关下游产品作为发电介质，把太阳能转换为电能进行使用。因此，狭义的硅能源指的是将硅作为光伏发电介质进行发电，即光伏发电。

以硅作为介质产生的能源可替代来自碳的能源。在新材料领域，具有高污染及高排放特性的碳基材料有被替代的需求，以达到减少碳排放的目的。因此，除了光伏发电，硅基材料产生的能源还可以替代碳基材料产生的能源。无论哪个方面，发展硅能源都是减少碳排放的重要抓手。因此，广义上，硅能源应包含光伏发电及硅基材料对碳基材料的替代两大方面。

从全产业链来看，硅能源产业链包含硅资源的开采、工业硅生产、硅材料加工、硅产品制造与终端应用等环节。工业硅是硅能源的上游环节，无论是光伏领域的多晶硅，还是材料领域的有机硅，均需要以工业硅为原材料生产。因此，工业硅处于整个硅能源产业链的核心，是硅能源产业链发展壮大的基础。

自测题

一、单项选择题

1. 以下关于工业硅描述正确的是（　　　）。

A. 工业硅是由硅矿石和碳质还原剂在矿热炉内冶炼成的产品

B. 工业硅在固体状态下呈现出银白色，并具有金属光泽

C. 工业硅在常温下化学性质活泼，能够与氧、氯等多种元素结合形成化合物

D. 《工业硅国标》规定工业硅各牌号硅含量大于99%

2. 以下关于硅描述错误的是（　　）。

A. 硅的发现最早可以追溯至18世纪

B. 硅晶体中掺入极微量硼、磷或砷，硅就会表现出很活跃的半导体性能

C. 硅在铝硅合金和有机硅上的应用较晚

D. 硅行业下游应用呈现铝合金、多晶硅、有机硅三足鼎立的状况

3. （　　）元素不是工业硅国家标准中用于规定牌号的杂质元素。

A. 碳　　　　　　　　　　　　B. 铁

C. 铝　　　　　　　　　　　　D. 钙

4. 以下关于工业硅生产描述错误的是（　　）。

A. 工业硅的生产过程基于氧化还原反应

B. 工业硅生产过程简单，因此对于生产原料要求较低

C. 工业硅生产可分为全煤工艺和非全煤工艺

D. 工业硅生产成本中电力成本大约占1/3

5. 西南地区工业硅的生产具有（　　）优势。

A. 火电　　　　　　　　　　　B. 风电

C. 核电　　　　　　　　　　　D. 水电

6. （　　）不是工业硅的主要出口国。

A. 日本　　　　　　　　　　　B. 巴西

C. 中国　　　　　　　　　　　D. 挪威

二、判断题

1. 硅是地壳构成中最丰富的元素。　　　　　　　　　　　　（　　）

2. 瑞典化学家贝采利乌斯通过实验首次以元素单质的形式发现了硅。

（　　）

3. 工业硅国家标准中将工业硅分为化学级、冶金级、有机用硅三类。
( )
4. 工业硅主要用于制取高纯度的多晶硅、生产有机硅和制造硅铝合金。
( )
5. 以美国和欧盟为代表的国家和地区对我国工业硅实行了长期的进口限制。( )
6. 半导体市场是多晶硅最重要的终端消费领域。( )

参考答案

一、单项选择题

1. A　　2. C　　3. A　　4. B　　5. D　　6. A

二、判断题

1. ×　　2. √　　3. ×　　4. √　　5. √　　6. ×

第二章

工业硅的供求

> **本章要点**
>
> 全球工业硅产业集中在中国，大多数工业硅在中国生产、消费，中国也是全球最大的工业硅出口国。本章除了介绍全球工业硅市场格局外，还着重介绍了我国工业硅生产情况与消费情况。

一、全球工业硅生产情况如何？

全球工业硅产能总体来看呈现稳步增长态势，2013—2018年工业硅产能在多数年份里实现了增长，年均复合增长率达到了8.4%。2019年，受中国市场供给侧改革淘汰落后产能的影响，全球工业硅产能出现一定回落，但随后来自中国市场的新增产能不断释放，全球工业硅产能又重回增长。

2013—2023 年全球工业硅产能情况如图 2-1 所示。

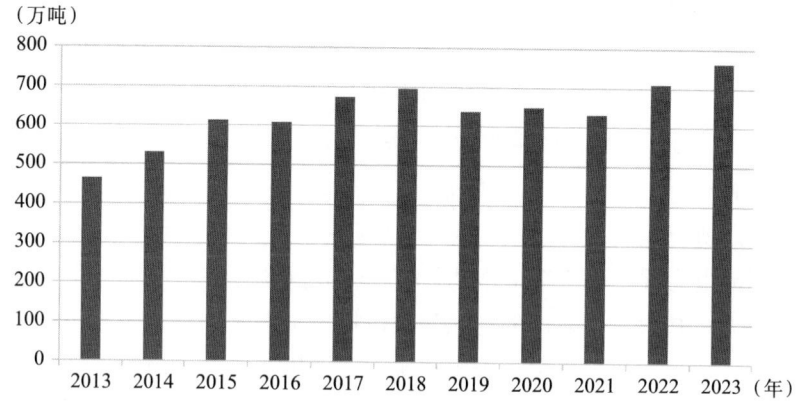

图 2-1　全球工业硅产能

数据来源：上海有色网。

全球工业硅产量变动基本跟随产能变化，同样在 2018 年达到相对高点后出现回落，但随后又重回上升通道（见图 2-2）。另外，2020 年后工业硅生产利润阶段性提高，工业硅的产能利用率也随之提升，在一定程度上促进了产量增长。

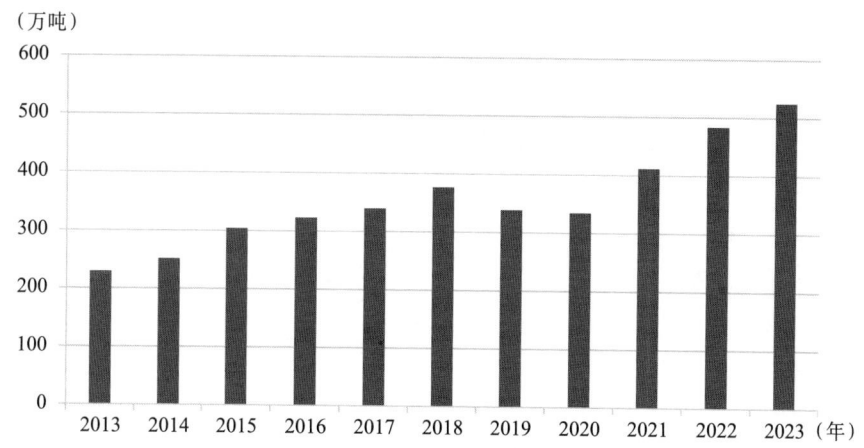

图 2-2　全球工业硅产量

数据来源：上海有色网。

在全球工业硅生产中，中国是最主要的工业硅供应国。2023年全球工业硅产量达到525万吨，其中我国工业硅产量就达到了381万吨，全球占比为72.57%。巴西、挪威、美国、法国是主要的海外市场工业硅供应国，在2022年全球工业硅产量中的占比分别为6.74%、5.84%、3.37%和2.47%，海外市场工业硅产能总体维持稳定，扩产计划较少且投产节奏相对较慢。

我国之所以成为全球头号工业硅供应国，主要有以下两方面因素。首先，我国的电力成本与人工成本相对较低，我国企业在参与全球竞争时具有成本竞争力。其次，工业硅的终端需求包括光伏产业、汽车产业和有机硅产业等方面，这些产业近年来在中国市场实现了快速发展，消费市场的持续扩大驱动了生产企业进一步增加产能，从而带动产业链上下游一体化协同发展。

延伸阅读

海外工业硅主产国产业概况

巴西、挪威、美国、法国是主要的海外市场工业硅供应国。

巴西主要依赖水力发电，辅以核电、太阳能等其他清洁能源，因此水力发电情况对巴西工业硅产业影响显著。巴西曾多次因干旱而导致电力供应短缺。巴西国内共10家工业硅企业，均设在电力发达地区，其中8家工厂都集中于Minas Gerais地区。巴西工业硅主要以出口贸易为主，国内很少发展硅相关的下游产业，其贸易对象主要是美国、英国以及欧盟等国家与地区。

挪威工业硅产能相对集中，主要是蓝星埃肯和德国瓦克公司的贡献。挪威工业硅也以出口为主，凭借地理位置优势，可以享有较低的运输成本。挪威主要供应欧盟国家，其中德国是最主要的需求国。值得一提的是，蓝星埃肯是中国化工旗下中国蓝星所属的海外企业，于2018年在挪威完成IPO，上市奥斯陆交易所，是首家在挪威上市的中资企业。

美国工业硅主要用于生产多晶硅，供给半导体及光伏产业等下游使用,不过受高昂的进口运输成本和本土贸易保护政策影响,美国市场工业硅的价格长期高于中国和欧盟等市场。

法国工业硅生产集中度较高,FerroPem 是法国唯一的工业硅生产企业,其工业硅和硅铁产能合计约 15.5 万吨。

二、全球工业硅消费情况如何?

工业硅的直接下游包括有机硅、多晶硅以及铝合金。

有机硅所涵盖的终端需求应用广泛,覆盖建筑建材、电子电器、化工医疗、航空航天等诸多领域,与宏观经济景气程度密切相关。全球有机硅行业的市场集中度较高,主要企业包括美国陶氏、德国瓦克、美国迈图、中国合盛以及挪威埃肯等。

多晶硅的主要终端应用领域是光伏产业,也有少部分多晶硅应用在半导体领域。在全球"双碳"进程不断推进的背景下,近些年光伏产业实现了快速发展。在半导体领域,由于具备良好的导电性与可掺杂特性,工业硅在集成电路、传感器等器件制造领域得以广泛应用。多晶硅产能大多集中在中国,行业集中度相对较高,主要生产企业包括四川通威、江苏中能、新疆大全、新特能源等,海外多晶硅企业则是以德国瓦克为代表,生产基地主要位于德国和美国。

铝合金的终端应用领域包括汽车、建筑结构、电器设备等行业,全球铝合金行业的市场集中度相对较低,整体消费量保持相对稳定。在欧洲、美国、日本等地区,铝合金是最主要的工业硅下游需求,铝合金产业在工业硅消费中占比普遍超过 50%。

2013—2022 年,全球工业硅消费持续增长,年均复合增长率达到了 7.81%。高速增长主要得益于有机硅消费量的不断提升以及新能源光伏需求爆发式增长。然而，2019—2020年，受全球经济下滑以及新冠疫情冲击等多方面因素影响，工业硅消费出现了阶段性下滑，不过随着市场恢复，工业硅消费再度回到了增长轨道（见图2-3）。

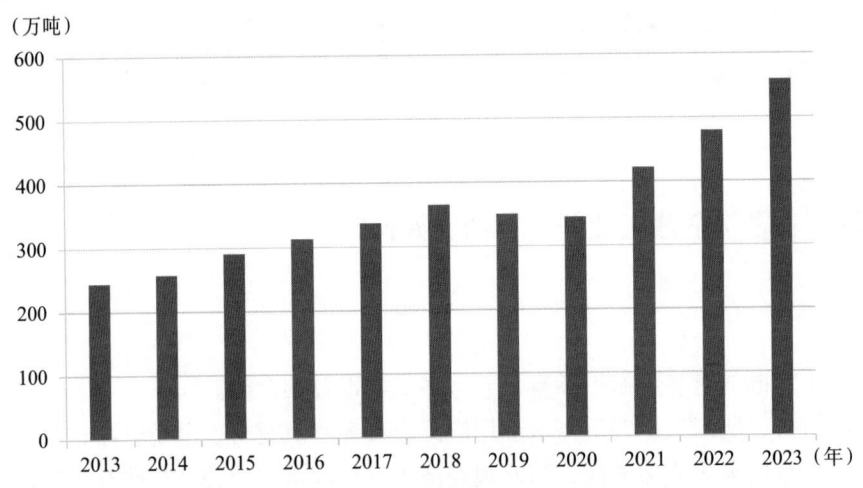

图2-3　全球工业硅消费量

数据来源：上海有色网。

分地区来看，中国是全球第一大工业硅消费国，欧盟、美国和日本则是主要的海外消费市场。自2016年以来，中国贡献了全球工业硅消费的主要增量。尽管受到新冠疫情扰动，中国的工业硅消费依然维持正增长，而欧盟、美国和日本等经济体的消费量则维持相对稳定。此外，由于中国市场的成本优势愈发显著，近年来，越来越多的多晶硅和有机硅项目在中国投产。中国多晶硅产量由2021年的48.73万吨提升至2023年的150.41万吨，增幅达208.66%；中国有机硅产量从2021年的345.2万吨提升至2023年的466.7万吨，增幅为35.20%。这一趋势进一步提升了中国市场在全球工业硅消费中的占比。

三、全球工业硅贸易情况如何?

工业硅的主要出口国与主要生产国较为一致,包括中国、挪威和巴西等国家。其中,中国保持着较高的全球出口份额,占比约50%。从贸易流向来看,受欧美国家对中国的反倾销限制影响,中国工业硅主要出口至日韩等亚洲国家。近年来,随着印度制造业步入高速发展期,印度也逐渐成为中国重要的工业硅出口目的地之一。2023年,中国对印度出口工业硅6.65万吨,相较2020年出口的5.14万吨提升了29.49%,其间年均复合增长率约为9%。挪威的工业硅主要销往邻近的欧盟国家,少量供应到日本和美国;巴西的工业硅则主要出口至美国、英国以及欧盟地区。

四、我国工业硅的生产情况是怎样的?

(一)我国工业硅产能产量变化情况

我国工业硅产业的发展主要受需求驱动,随着下游光伏产业和有机硅产业的市场总量越来越高,对工业硅的需求量也在不断提升,进而拉动工业硅快速扩产。

工业硅年产能逐年递增,从2010年的275万吨快速增长至2023年的613万吨,年均复合增长率达6.36%(见图2-4)。受新增产能释放影响,我国工业硅产量也出现了快速增长,由2010年的130万吨增长至2023年的381万吨,年均复合增长率达8.62%(见图2-5)。我国工业硅产能产量在2018年达到阶段性峰值后,受供给侧结构性改革等多方面因素影响,产能产量一度出现回落,不过随着下游需求的进一步增长以及新增产能的陆续投产,2021年起工业硅产能又重回增长态势。

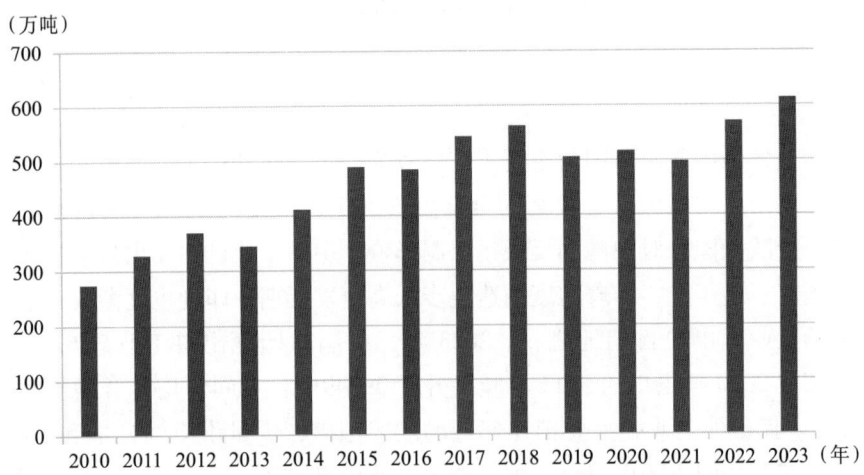

图2-4 我国工业硅产能变化趋势

数据来源:上海有色网。

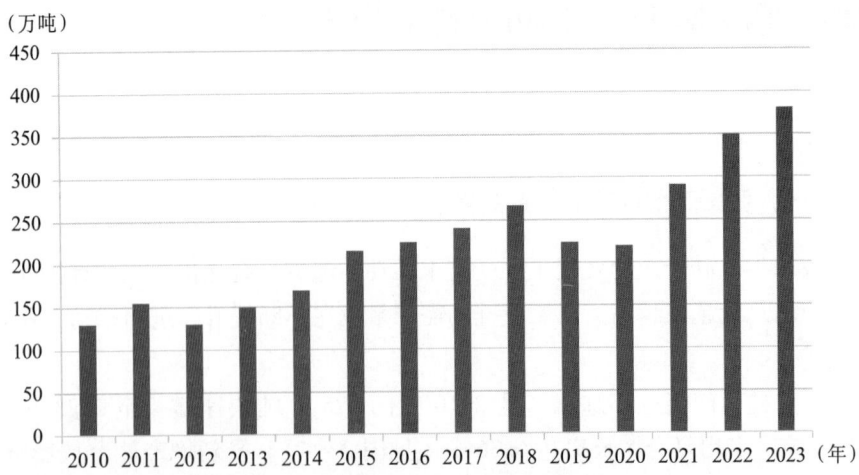

图2-5 我国工业硅产量变化趋势

数据来源:上海有色网。

2021 年以前我国工业硅开工率总体处于较低水平，一方面是因为部分技术较差的企业生产持续性难以保障，矿热炉的实际生产天数与设计天数之间存在较大差异；另一方面是因为主产区云南与四川的工业硅生产依赖水电，部分产能只能在水电充沛的 6—11 月生产。2021 年开始，受下游需求的加速增长与产能更新升级的双重影响，我国工业硅平均开工率提升至 50% 以上的水平，且随着新疆合盛、东方希望等新疆地区产能释放，我国工业硅生产开始逐步由西南地区向西北地区转移，工业硅全国整体开工率的季节性扰动也有所减弱（见图 2-6）。

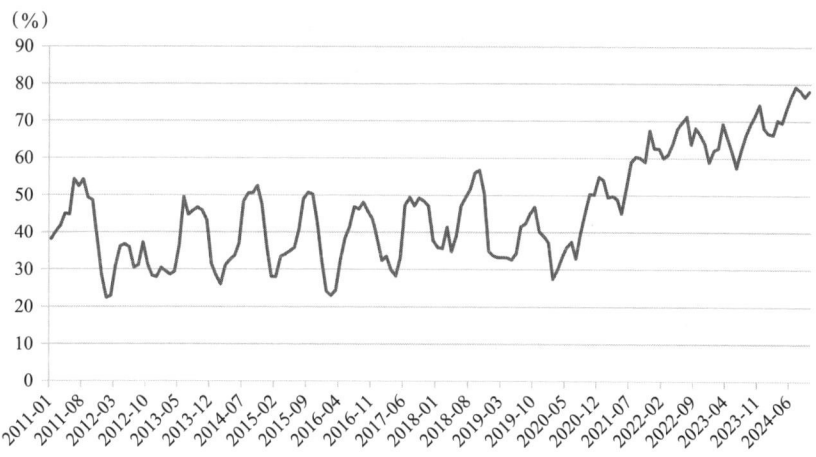

图 2-6　我国工业硅开工率

数据来源：上海有色网。

> **延伸阅读**
>
> ### 我国工业硅发展历程
>
> 我国工业硅发展始于 1957 年，当时在苏联的帮助下，我国辽宁抚顺铝厂建成投产了我国第一台工业硅炉，标志着我国工业硅产业化的起步。随后在 20 世纪 60 年代初至 70 年代末，我国又先后建成投产了十几个工业硅生产单位，形成了约 5 万吨的年产能，基本实现了工业硅的自给自足。20 世纪 80 年代开始，在改革开放浪潮的推进下，工业硅出口需求开

始逐步增加，进而刺激了一批新增产能的投产。不过在20世纪90年代末，受亚洲金融危机影响，我国部分工业硅企业迫于生产压力开始减产或转产，同时云贵川等地由于电力成本相对较低，开始涌现出新的一批工业硅企业，进而使整体产业布局得到了优化调整。进入21世纪，中国与全球市场的联系更加密切，我国工业硅生产的格局也逐步转向出口主导，在21世纪的前十年，大约一半以上工业硅的产量被用于出口，但在2010年之后，我国制造业产能建设飞速发展，国内制造业企业对工业硅的需求不断增加，导致工业硅出口量占生产量的比例呈现出下降趋势。此外，有关部门也在不断出台相关制度对工业硅产能发展进行一定规范，主要包括对电耗、容量、设备等方面的限制，工业硅产能增速也因此一度放缓。2020年我国正式提出"双碳"目标，发展硅能源被放在了更加重要的位置，未来工业硅将有望在我国能源转型之路上发挥更为积极的作用。

（二）我国工业硅生产分地域情况

我国工业硅产能主要集中在新疆、云南、四川等地，三地产能合计占比近70%，其余产地还包括内蒙古、甘肃、福建、重庆、湖南、贵州、广西、黑龙江等地。其中内蒙古产能近年增长速度较快，2023年内蒙古工业硅产能达到40.8万吨，相较于2021年的22万吨产能，增幅达到85.45%，2021—2023年的年均复合增长率高达36.18%。

新疆是我国工业硅第一大产区，其产能和产量均居全国首位（见图2-7、图2-8），并且新疆具有资源优势，电力、矿石、煤炭等资源丰富，有利于降低工业硅的原料采购成本。2017—2021年期间，新疆工业硅产能总体保持稳定，平均年产能约为174万吨，2022年、2023年新疆工业硅产能大量投放，年末产能分别增长至218.1万吨、231.1万吨。受益于火力发电的稳定电力供给，新疆所采取的"火—电—硅"生产模式使其开工率较为平稳，产量季节性变化较小，而云南和四川则采取"水—电—硅"的生产模式，在枯水期电力成本上升，企业会选择减产以保障经济性。此外，新疆电力成本也低于云南和四川，以2024年3月数据为例，新疆工业硅主产地的电价区间为0.28~0.42元/千瓦时，而云南和四川分别为0.47~0.54元/千瓦时、0.53~0.63元/千瓦时。

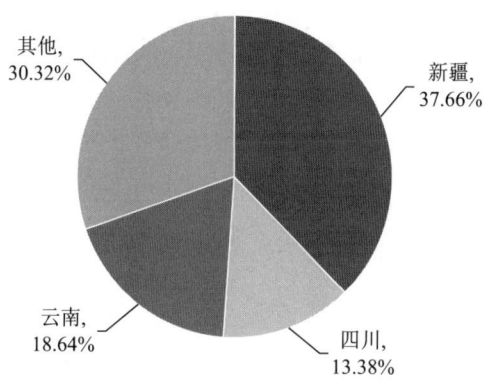

图2-7　2023年我国工业硅产能分区域占比

数据来源：上海有色网。

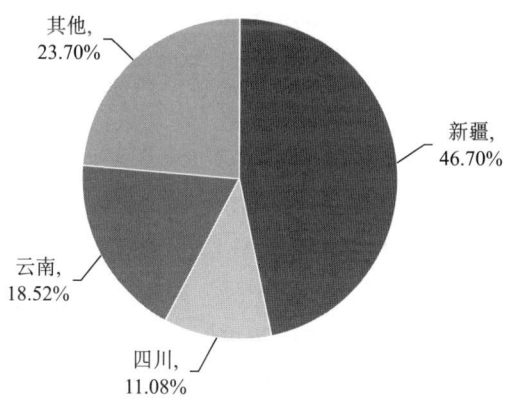

图2-8　2023年我国工业硅产量分区域占比

数据来源：上海有色网。

2016年1月至2024年10月新疆、云南、四川三地工业硅开工率见图2-9。

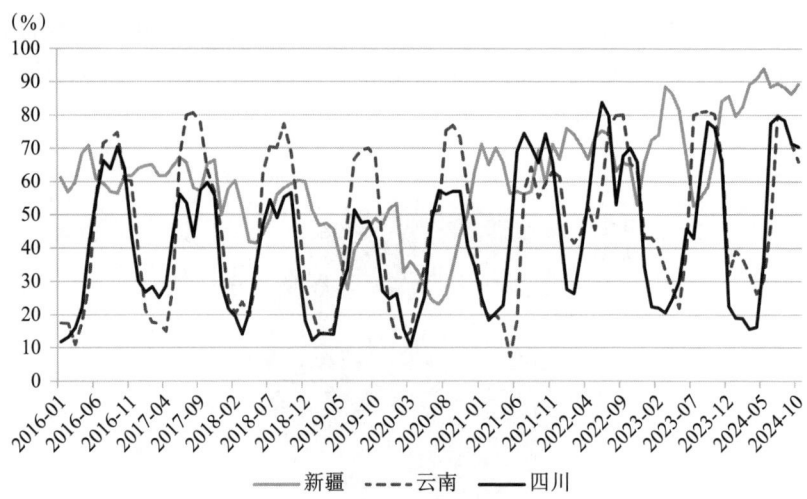

图 2-9　新疆、云南、四川三地工业硅开工率

数据来源：上海有色网。

（三）我国工业硅生产分规格情况

从规格来看，我国工业硅主产 Si5530（工艺包括通氧和不通氧[①]）和 Si4210（包括 Si5210 和 Si4110），在 2023 年以前一直是 Si4210 占据较多的市场份额，但随着新疆地区产能的持续释放，2023 年工业硅 Si5530 市场份额开始反超 Si4210。2023 年，我国工业硅 Si5530 产量 164.95 万吨，占比 43%，工业硅 Si4210 产量 138.07 万吨，占比 36%（见图 2-10）。此外，随着硅产业链的发展，97 硅和再生硅等工业硅产量也在不断增长。97 硅是指由硅石和兰炭在电热炉内冶炼成的产品。再生硅是工业硅磨粉、多晶硅以及硅片切片等环节所产生的废料经中频炉回炉熔炼后得到的产品，名义硅含量在 99% 左右。97 硅和再生硅总体产量较小，2023 年 97 硅产量 24.28 万吨，再生硅产量 23.82 万吨（见图 2-11）。

---

① 通氧与不通氧的区别在于在浇筑工业硅锭的过程中是否通氧，一般来说通氧可有效控制以钙为主的杂质含量，生产出来的工业硅杂质含量更低、品质更好。在下游消费方面，主要关注杂质含量是否符合生产要求，即最终产品质量或牌号，对生产工艺的要求较少。不通氧产品将造成铝合金企业的耗能增加，即杂质越多、企业冶炼耗电越多。

第二章 工业硅的供求 35

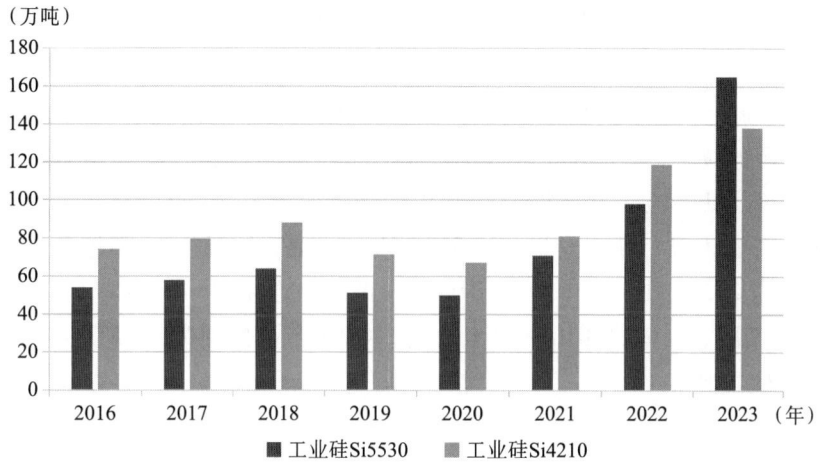

图 2-10 我国工业硅 Si5530 与工业硅 Si4210 产量

数据来源：上海有色网。

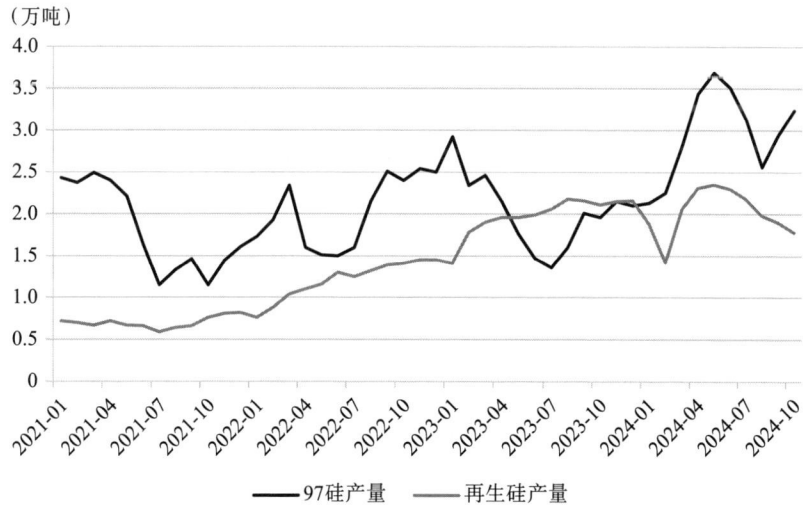

图 2-11 我国 97 硅与再生硅产量变化趋势

数据来源：上海有色网。

不同规格的工业硅生产也具备较为鲜明的区域性特征，主要原因是所用矿石质量和冶炼工艺不同，但各地所产规格并非一成不变，不同规格的工业硅产量会随着生产技术的进步与原材料的变化而改变。长期来看，随着优质硅石资源的减少，高品位工业硅的产量在逐年减少，如Si1101等规格目前几乎已经退出市场。从不同省份的生产情况来看，由于具有电力、矿石、煤炭等资源优势，新疆是通氧Si5530的主产地，2023年新疆通氧Si5530的产量为102.1吨。云南是Si4210的主产地，但新疆Si4210产量也不低，2023年新疆、云南、四川三地工业硅Si4210产量分别为40.5万吨、48.7万吨、23万吨。

从生产成本的角度来看，工业硅Si4210生产成本要略高于工业硅Si5530，2023年全国工业硅Si5230平均生产成本约为14923.19元/吨，而工业硅Si4210平均生产成本约为15333.95元/吨（见图2-12）。

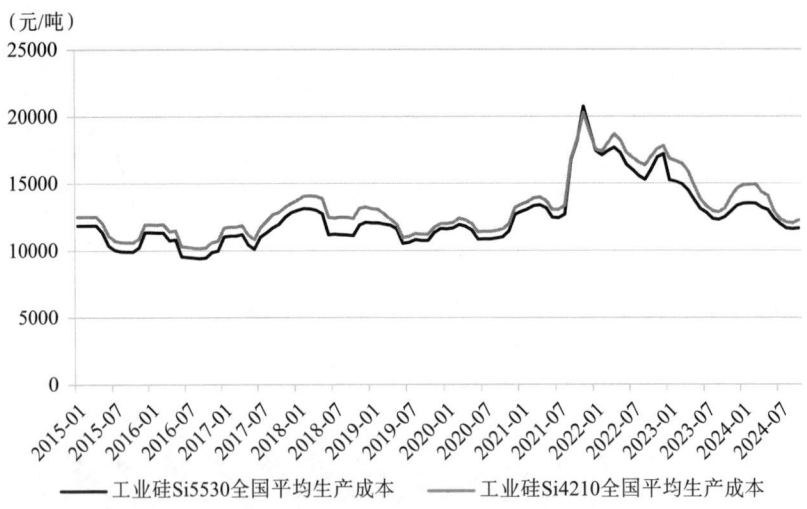

图2-12 工业硅全国平均生产成本

数据来源：上海有色网。

第二章 工业硅的供求　37

五、我国工业硅进出口格局是怎样的？

我国是工业硅净出口国，每年工业硅出口量远大于进口量。整体来看，我国工业硅进口量整体维持低位，主要原因在于我国本身就是全球最大的工业硅生产国，具有生产成本优势，进口需求相对有限。不过，2022年工业硅进口量一度大增，主要原因在于国内新冠疫情扰动叠加西南地区限电等因素，导致国内工业硅供应阶段性短缺，在此背景下，当年工业硅进口量创下了历史新高（如图2-13）。

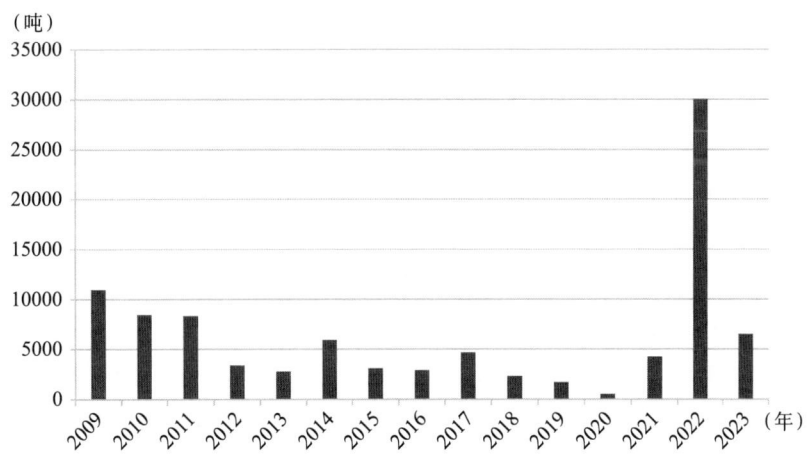

图 2-13　我国工业硅历年进口量

数据来源：上海有色网。

在工业硅出口方面，2009—2012年，我国工业硅年出口量平均为53.1万吨，但到了2013年，出口量一跃升至70.42万吨。这一方面是因为自2013年开始，我国工业硅产能释放有所加快，另一方面是海外经济体逐步走出金融危机的影响，需求有所恢复。2013—2019年，全球制造业稳步复苏，我国工业硅出口在此期间也整体保持平稳。而到了2020年全球新冠疫情暴发，海外市场受冲击相较国内更为明显，导致大量外商订单取消，因此2020年工业硅出口量出现了明显回落。不过到了2021年，国内外受新冠疫情冲击的影响开始有所减弱，国内工业硅对外贸易情况又恢复至正常水平（如图2-14）。

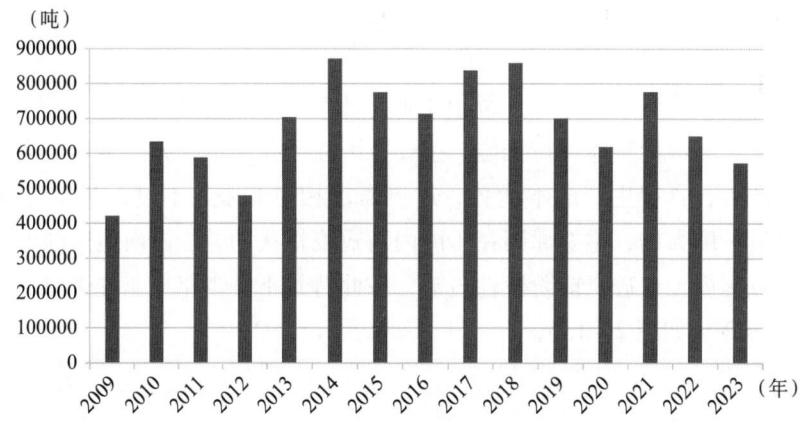

图2-14 我国工业硅历年出口量

数据来源：上海有色网。

我国工业硅主要出口海关是黄埔海关和天津海关。广州黄埔港地理位置距工业硅西南主产区较近，从云南产区的主集散地昆明发货至广州黄埔的汽运运费常年维持在350元/吨附近，显著低于其他产区运送至临近港口的费用，因此黄埔港成为我国工业硅对外贸易最重要的港口之一。近年来，随着新疆地区工业硅产能的持续释放，天津港在工业硅出口中扮演的角色也越发重要。此外，由于西南产区开工具有季节性，综合考虑汽运经济性和海外订单执行情况，黄埔港与天津港的出口量也往往存在季节性波动。

我国工业硅年出口量一般在60万~80万吨波动，不过出口量在国内产量中的占比却在逐年下滑，背后的主要原因是国内需求扩大对出口形成替代，一方面，在我国光伏产业迅速发展的背景下，多晶硅产能不断释放，工业硅的消费量迅速增长；另一方面，我国有机硅产业也在稳步发展，同样增加了对工业硅的需求。从出口结构来看，受欧美经济体在20世纪90年代开始对中国工业硅征收反倾销税的影响，我国工业硅出口主要面向日韩等亚洲国家（如图2-15）。

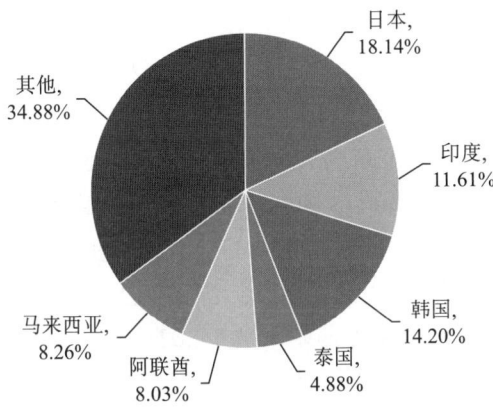

图 2-15　2023 年我国工业硅出口国占比情况

数据来源：上海有色网。

 六、我国多晶硅对工业硅需求情况如何？

多晶硅是晶态硅的一种形态，在熔融的单质硅凝固时，硅原子以金刚石晶格形态排列成许多晶核，这些晶核长成晶面取向不同的晶粒，晶粒结合起来，就结晶成了多晶硅。

多晶硅是工业硅主要的下游需求之一，同时也是光伏产业链的上游原材料，直接下游为拉晶切片，用于制造硅片，终端消费领域则是光伏装机市场。

20 世纪，我国多晶硅主要用于半导体产业，在原冶金工业部号召"利用大厂一角搞半导体"的时代背景下，我国多晶硅生产开始规划立项，20 世纪 70 年代时，我国多晶硅生产厂家发展到 20 多家。不过随着产能快速扩张，多晶硅企业因亏损纷纷停产或转产，到 1996 年，只剩下了峨眉半导体材料和洛阳单晶硅厂两家多晶硅企业。

进入 21 世纪，随着国内外光伏市场的装机需求不断增加，多晶硅需求也随之快速增长，国内资本大举进入多晶硅领域，产业规模迅速扩大，技术水平也在不断提升。但在资本的盲目扩张之下，多晶硅产能一度严重过剩，

2009年国内多晶硅拟建产能达10万吨以上，随后政府积极调控，将多晶硅认定为过剩产能行业，再结合多晶硅生产"高耗能、高污染"的特征，多重因素共同导致多晶硅产能扩张速度放缓。

2013年7月，国务院发布《关于促进光伏产业健康发展的若干意见》，继续鼓励发展光伏产业，多晶硅产量重回增长，2014年我国多晶硅产量达到了13.2万吨，同比增长88.57%，同年多晶硅消耗工业硅17.6万吨，同比增长81.44%。此后，多晶硅产量继续保持稳步增长，也同步带动了对工业硅的需求。

2021年，国家发展改革委印发《关于2021年新能源上网电价政策有关事项的通知》，宣布自2021年起对新备案集中式光伏电站、工商业分布式光伏项目和新核准陆上风电项目，中央财政不再补贴，实行平价上网，这标志着光伏产业进入市场化竞争阶段，多晶硅需求再度进入快速增长阶段。2023年中美两国发表《关于加强合作应对气候危机的阳光之乡声明》，提出努力争取到2030年全球可再生能源装机增至3倍。在诸多政策激励和行业利润驱动下，多晶硅迎来扩产潮，2022年，我国多晶硅产量从2021年的48.73万吨跃升至81.7万吨，2023年产量再创历史新高达到150.41万吨，同比增长84.10%（见图2-16）。正是由于多晶硅产量步入高速增长阶段，对工业硅的需求也出现了飞速增长，多晶硅因此超过有机硅，成为工业硅最主要的下游需求（见图2-17）。

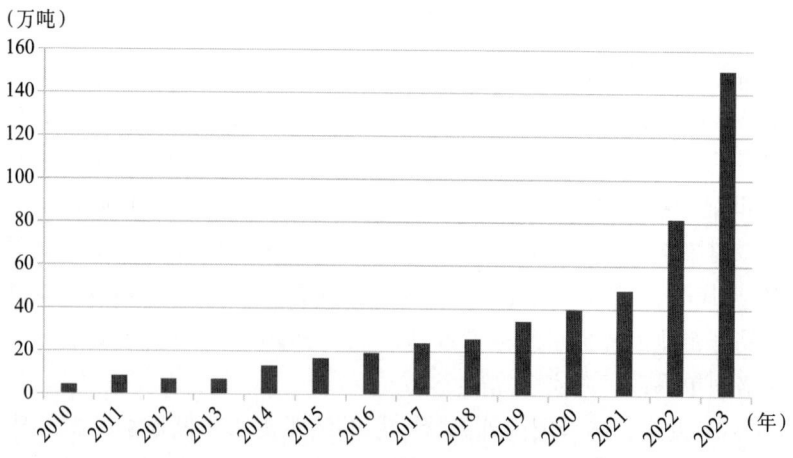

图2-16　我国多晶硅产量

数据来源：上海有色网。

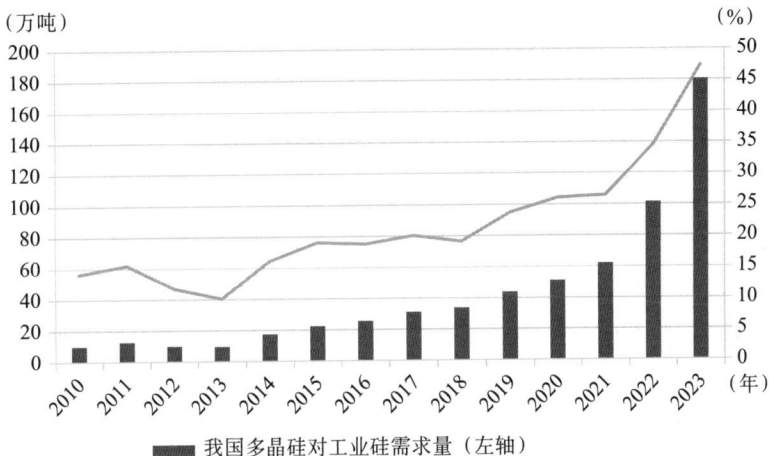

图 2-17　我国多晶硅对工业硅需求量

数据来源：上海有色网。

> **小贴士**
>
> **多晶硅对工业硅的质量要求**
>
> 根据《工业硅国标》，工业硅按照用途可划分为多晶用硅、有机用硅和冶金用硅，多晶用硅属于化学用硅，具体微量元素含量要求如表2-1所示。随着我国多晶硅工艺水平的提升，其使用工业硅的规格也有所变化，由最初使用的 Si4210、Si4110，逐渐转变成以 Si4210 为主，Si5210、Si4410、Si5530 以及硅含量在 99% 左右的 99 硅为辅的消费格局。
>
> 表2-1　多晶用工业硅微量元素含量要求
>
> | 用途 | 微量元素含量（质量分数），不大于 % ||||||||||||
> |---|---|---|---|---|---|---|---|---|---|---|---|
> | | 镍(Ni) | 钛(Ti) | 磷(P) | 硼(B) | 碳(C) | 锰(Mn) | 铬(Cr) | 铅(Pb) | 镉(Cd) | 汞(Hg) | 六价铬(Cr^{6+}) | 钒(V) | 其他单个 |
> | 多晶硅用 | — | 0.060 | 0.0080 | 0.0060 | 0.080 | — | — | — | — | — | — | — | 0.01 |
>
> 数据来源：国家标准 GB/T 2881-2023。

七、我国有机硅对工业硅需求情况如何？

有机硅材料是一类以 Si-O-Si 为主链，Si 原子直接连接有机基团的聚合物，其特殊的分子结构赋予了其广泛的可设计性，可适应各行业不同的需求。不同类型的有机硅及其性质、用途如表 2-2 所示。有机硅的上游原料包括氯甲烷和工业硅粉。氯甲烷气体与工业硅粉混合发生反应，生成不同甲基含量的甲基氯硅烷，这些各类的甲基氯硅烷统称为粗单体。但是有机硅的粗单体易于水解，状态并不稳定，通常情况下需要将其加工为有机硅中间体进行出售或使用。有机硅中间体主要是指各类硅氧烷，包括二甲基硅氧烷混合环体（DMC）、六甲基环三硅氧烷（D_3）、八甲基环四硅氧烷（D_4）、十甲基环五硅氧烷（D_5）、十二甲基环六硅氧烷（D_6）等。其中硅氧烷是有机硅的重要中间体，其产销情况最能表征有机硅产业的发展。

表 2-2　　　　　　　　　不同类型的有机硅中间体

有机硅中间体	分子式	性质	用途
DMC	$[(CH_3)_2SiO]_n$, $n=3,4,5,6$	无色透明、无游离水、无机械杂质的液体	生产硅油、硅橡胶等
D_3	$[(CH_3)_2SiO]_3$	白色结晶固体	制造甲基乙烯基硅橡胶制品，也是合成其他高分子化合物的重要原料
D_4	$[(CH_3)_2SiO]_4$	无色透明油状液体	硅油（改性硅油）、硅乳液、硅橡胶、硅树脂等有机硅制品的基本原料，也可直接做橡胶填料处理剂及化妆品原料
D_5	$[(CH_3)_2SiO]_5$	无色透明、无异味、无游离水、无机械杂质的液体	毛发和皮肤护理
D_6	$[(CH_3)_2SiO]_6$	清亮、无毒、无嗅、无油腻且无刺痛的液体	制备硅油、硅橡胶

数据来源：化工百科网。

有机硅下游产品包括硅橡胶、硅油、硅树脂、硅烷偶联剂等，其中硅橡胶又分为室温胶和高温胶两大类。硅橡胶和硅油在有机硅下游产品中占比较高，终端广泛用于建筑建材和电子电器领域。正因为有机硅消费领域较为广泛，遍布建筑、制造、居民消费等多个领域，所以需求端变化与宏观经济关联性较强。

新中国成立初期，受西方国家垄断影响，我国有机硅材料十分稀缺，为冲破封锁，我国开始自力更生研发有机硅材料。1954 年，我国顺利合成乙基氯硅烷，标志着有机硅探索试验获得成功，随后在条件极其艰苦的背景下，我国又成功研发了耐 500 ℃ 高温的有机硅涂料，实现了对飞机制造厂的批量供给。1971 年 9 月，我国第一台合成甲基氯硅烷流化床宣告开发成功，奠定了国内流化床法直接合成甲基氯硅烷的技术基础。改革开放后，为响应国家"寓军于民"的号召，我国有机硅材料开始逐步探索非军工领域蕴藏的巨大需求，能治疗肺水肿的硅油气雾剂、能使蔬菜保鲜的有机硅气调膜等产品相继问世。进入 21 世纪后，国内流化床的直径都已超过 1200 毫米，甲基氯硅烷的生产形势越来越好，国内厂商逐步掌握 15 万吨/年及以上的单套装置设计和运行技术，单体合成技术已基本接近国际先进水平，进口替代效应显著。近年来，我国有机硅产业实现快速发展，2010—2023 年复合增长率达到 15.34%。2010—2023 年我国有机硅单体产量情况见图 2 – 18。

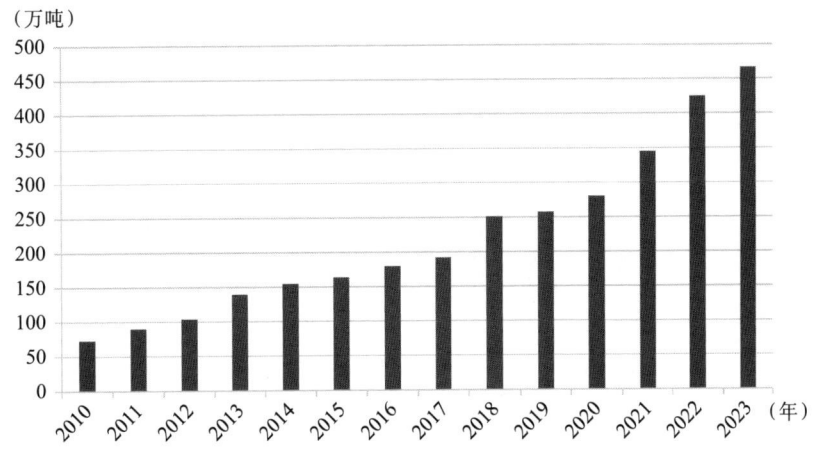

图 2 – 18　我国有机硅单体产量

数据来源：上海有色网。

小贴士

有机硅对工业硅的质量要求

有机硅所要求的工业硅原料与多晶硅一样,同属于化学用硅,主要使用的工业硅牌号有Si4210、Si4110、Si5210等,在微量元素含量上,主要是对镍(Ni)元素和钛(Ti)元素提出了要求,具体如表2-3所示。2023年我国有机硅单体对工业硅需求达到116.7万吨(见图2-19),2010—2023年,年均复合增长率达到14.98%。

表2-3 有机用工业硅微量元素含量要求

用途	微量元素含量(质量分数),不大于 %											
	镍(Ni)	钛(Ti)	磷(P)	硼(B)	碳(C)	锰(Mn)	铬(Cr)	铅(Pb)	镉(Cd)	汞(Hg)	六价铬(Cr^{6+})	钒(V)	其他单个
有机硅用	0.015	0.060	—	—	—	0.040	0.010	0.0010	—	—	—	0.030	0.01

数据来源:国家标准GB/T 2881-2023。

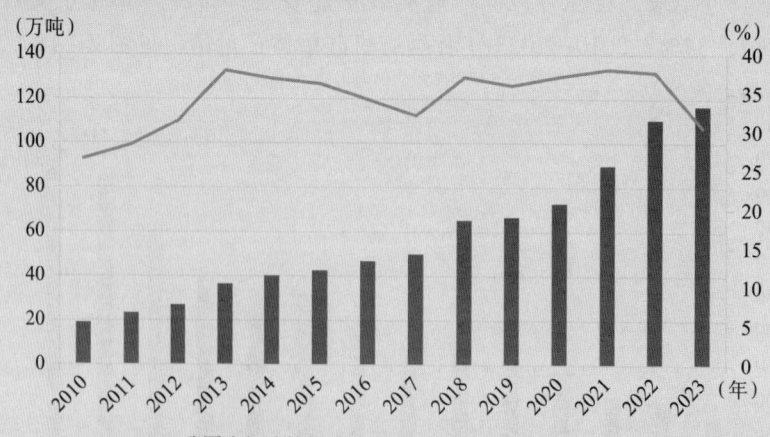

图2-19 我国有机硅对工业硅需求量

数据来源:上海有色网。

第二章 工业硅的供求 45

 八、我国铝合金对工业硅需求情况如何？

铝合金是以铝为基，添加一定量其他元素的合金，属于轻金属材料之一，具有良好的铸造性能和塑性加工性能，良好的导电、导热性能，良好的耐蚀性和可焊性，在航空航天、交通运输、建筑、机电、轻化和日用品中有着广泛的应用。按加工方式划分，铝合金通常分为变形铝合金和铸造铝合金两大类，变形铝合金中的主流牌号为四系和六系的4032、4043、6061和6063，铸造铝合金中的主流牌号为ADC12、A356、A380、ZL102和ZL04。其中，再生铸造铝合金ADC12在压铸行业应用最为广泛。

从终端需求来看，汽车和摩托车制造构成铸造铝合金下游消费的70%左右，建筑和结构材料生产构成变形铝合金下游消费的40%左右。随着我国新能源、基建和航空航天等事业的快速发展，铝合金产业不断发展壮大，2023年我国铝合金产量1268.5万吨，相较2022年增长19.49%（见图2-20）。

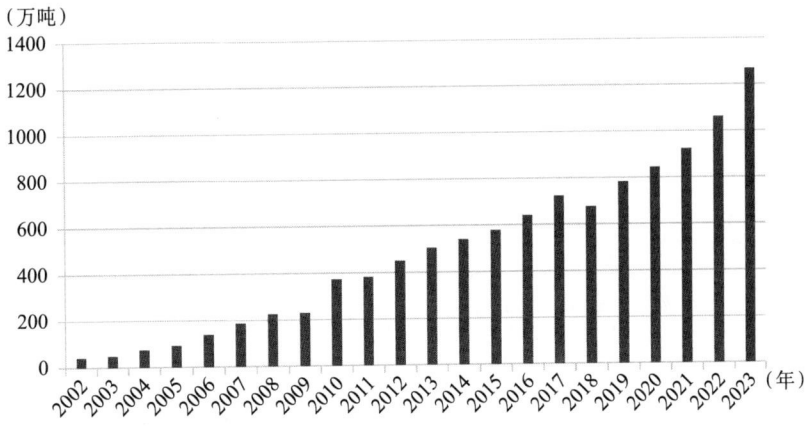

图2-20 我国铝合金产量

数据来源：国家统计局。

工业硅作为非铁基合金的添加剂，常作为铝合金的添加剂使用，能够改善其铸造性能，提高合金的硬度、强度，并使其抗氧化和耐腐蚀能力增强。

2010年，我国铝合金生产对工业硅的需求量为37万吨，占当年工业硅总消费量的51.68%，随着我国产业优势不断扩大，铝合金生产对工业硅的需求一度呈现出增长态势，但随着海外市场反垄断限制不断加大以及国内步入高质量发展阶段，铝合金生产对工业硅的需求量开始逐步趋于平稳，在多晶硅和有机硅快速发展的背景下，铝合金生产对工业硅的需求占比出现了下滑趋势（见图2-21）。

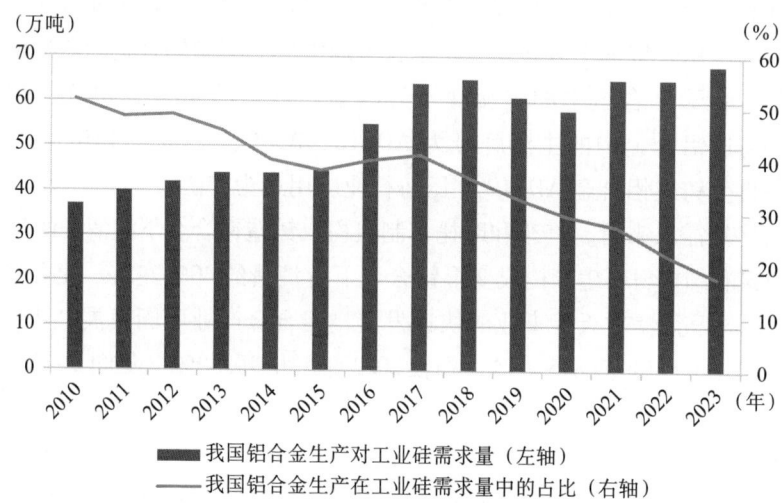

图2-21 我国铝合金生产对工业硅需求量

数据来源：上海有色网。

小贴士

铝合金生产对工业硅的质量要求

铝合金生产所要求的工业硅原料主要是冶金用硅，从牌号来看，再生铸造铝合金ADC12主要使用Si5530工业硅及等外硅；原生铸造铝合金A356.2主要使用Si4410及Si3303；其他一些杂质含量更少的工业硅，如Si2502、Si2202等用于变形铝合金。此外，《工业硅国标》还对冶金用硅中的微量元素含量提出了一定要求，具体如表2-4所示。

表2-4　　　　冶金用工业硅微量元素含量要求

用途	微量元素含量（质量分数），不大于 %													
	镍(Ni)	钛(Ti)	磷(P)	硼(B)	碳(C)	锰(Mn)	铬(Cr)	铅(Pb)	镉(Cd)	汞(Hg)	六价铬(Cr⁶⁺)	钒(V)	其他单个
冶金用	—	—	—	—	—	—	—	0.10	0.010	0.10	0.10	—	0.03

数据来源：国家标准 GB/T 2881-2023。

自测题

一、单项选择题

1. 随着新增产能快速投产，2023年全球工业硅产量首次超过（　　）万吨。

　　A. 600　　　　　　　　　　B. 500

　　C. 300　　　　　　　　　　D. 400

2. 首家在挪威奥斯陆交易所上市的中资企业是（　　）。

　　A. 长江电力　　　　　　　　B. 三一重工

　　C. 蓝星埃肯　　　　　　　　D. 国轩高科

3. （　　）是全球第一大工业硅消费国。

　　A. 日本　　　　　　　　　　B. 中国

　　C. 巴西　　　　　　　　　　D. 美国

4. 中国工业硅的全球出口份额约为（　　）。

　　A. 50%　　　　　　　　　　B. 60%

　　C. 40%　　　　　　　　　　D. 70%

5. 我国工业硅新增产能投放开始逐步由西南地区向（　　）地区转移。

A. 东北 B. 西北
C. 东南 D. 海外

6. （　　）是我国工业硅第一大产区。

A. 云南 B. 四川
C. 新疆 D. 广东

7. 云南与四川的工业硅生产依赖水电，部分产能通常只能在水电充沛的（　　）生产。

A. 6月至11月 B. 12月至次年3月
C. 1月至5月 D. 9月至12月

8. 新疆地区的工业硅生产主要采用（　　）的模式。

A. 水—电—硅 B. 风—电—硅
C. 光—电—硅 D. 火—电—硅

9. 2023年，工业硅（　　）牌号的市场份额开始反超Si4210。

A. Si5530 B. Si5210
C. Si4110 D. 99硅

10. （　　）是通氧Si5530的主产地。

A. 云南 B. 四川
C. 新疆 D. 江苏

11. 新疆工业硅从（　　）出口更具经济性。

A. 黄埔港 B. 宁波港
C. 天津港 D. 青岛港

12. 我国大部分多晶硅采用的生产工艺是（　　）。

A. 硅烷西门子法 B. 改良西门子法
C. 硅烷流化床法 D. 物理法

13. 2023年中国多晶硅对工业硅消费量首次达到（　　）万吨以上。

A. 180 B. 190
C. 200 D. 210

14. 以下有关有机硅描述错误的是（　　）。

A. 有机硅的上游原料包括氯甲烷和工业硅粉
B. 有机硅的粗单体易于水解，状态并不稳定

C. 有机硅的下游产品包括硅橡胶、硅油、硅树脂、硅烷偶联剂等
D. 有机硅的需求集中在建筑领域

15. 铸造铝合金下游消费占比最高的领域是（　　）。
A. 建筑和结构　　　　　　B. 消费电子
C. 汽车和摩托车　　　　　D. 航空航天

二、判断题

1. 中国是全球第一大工业硅供应国。（　）
2. 工业硅的直接下游仅包括有机硅和多晶硅。（　）
3. 新疆工业硅主要采取"水—电—硅"的生产模式。（　）
4. 我国工业硅出口量远远大于进口量。（　）
5. 多晶硅与有机硅的生产对工业硅的质量要求完全一样。（　）

参考答案

一、单项选择题

1. B　　2. C　　3. B　　4. A　　5. B　　6. C　　7. A　　8. D　　9. A
10. C　　11. A　　12. B　　13. A　　14. D　　15. C

二、判断题

1. √　　2. ×　　3. ×　　4. √　　5. ×

第三章

工业硅期货合约

> **本章要点**
>
> 在了解了有关工业硅的基础知识后，投资者在正式参与工业硅期货市场之前，还需要对工业硅期货合约形成基本认识。本章以工业硅现货交易与期货交易的不同点为基础，详细介绍了工业硅期货合约的基本内容，包括交易单位、交割品级等。此外，为了保障期货交易的稳定高效运行，交易所还制定了风险控制制度，在参与市场之前也应对此有详细了解。

一、工业硅的期货交易和现货交易有何不同？

现货是指在现实世界中实际存在的货物，工业硅的现货交易即所谓

"一手交钱、一手交货"。除了即时履约，现货交易还可能会出现易物交易、远期交易等情况。在实际的工业硅现货交易中，买卖双方通常会签订购销合同，合同的作用在于明确买卖双方的权利与义务，并作为履约凭证，现货购销合同中通常会对工业硅的质量、数量、价格、交货日期等内容进行规定。由于现货购销合同对买卖双方存在着约束，因此即便工业硅的价格在交货日期前向不利于某一方的方向波动，该方也应当承担履行合同的义务，由此造成的价格波动损失将由其自身承担。

相较于现货交易，期货交易最大的特点就是交易对象并非某一现货实物，而是期货合约。《中华人民共和国期货和衍生品法》规定，期货合约是指期货交易场所统一制定的、约定在未来某一特定的时间和地点交割一定数量标的物的标准化合约。简单来说，期货合约就是一种预先约定未来交易的协议，不过协议内容中所规定的履约时间、履约货物数量和质量等要素均是由期货交易所来制定统一标准，买卖双方无法协商。在期货交易中，不同交易者之间所转让的是期货合约，并不会产生实物的转移。当期货合约到期时，买卖双方可以根据期货交易所的安排进行实物交割，也可以通过对冲平仓的方式了结期货合约。

工业硅期货交易与现货交易主要存在以下六点不同。

（一）买卖的直接对象不同

现货交易买卖的直接对象是工业硅商品本身，而期货交易买卖的直接对象是工业硅期货合约。

（二）交易的目的不同

现货交易是一手钱、一手货的交易，立刻或一定时期内进行工业硅的实物交收和货款结算。期货交易的主要目的不是到期获得实物，而是通过套期保值规避工业硅价格波动风险或投资获利。

（三）交易方式不同

现货交易一般是一对一谈判签订合同，合同的具体内容由双方商定，若签订合同之后不能兑现，就可能需要诉诸法律。期货交易是以公开、公平竞争的方式进行交易,通过制度保障使违约的情况几乎不会发生。

(四)交易场所不同

工业硅现货交易一般分散进行,没有集中的交易市场,交易主体包括贸易公司、生产厂商、消费厂家,以各主体之间询价交易为主。工业硅期货交易在广州期货交易所内按照有关法规进行公开、集中交易。

(五)保障制度不同

现货交易有《中华人民共和国民法典》等法律保护,合同不兑现,即毁约时要通过法律途径解决。期货交易除了国家的法律和行业、交易所规则之外,主要以保证金制度为保障,来保证到期兑现。

(六)结算方式不同

现货交易是货到款清,无论时间多长,都是一次或数次结清。期货交易由于实行保证金制度,必须每日结算盈亏,实行每日无负债制度。

二、工业硅期货合约的基本内容是什么?

工业硅期货合约是工业硅期货交易的标的物,是由广州期货交易所制定的标准化合约,期货合约中对工业硅的交易单位、涨跌停板幅度、交割品级等诸多细则进行了规定。广州期货交易所工业硅期货合约的交易品种为工业硅,交易代码为 SI,主要内容如下。

(一)交易单位

工业硅期货合约规定 1 手工业硅期货对应 5 吨工业硅,即工业硅期货最小的交易单位为 5 吨,如投资者建仓交易两手工业硅期货,相当于交易 10 吨工业硅。以工业硅期货单吨价格来计算,将 1 手期货合约的交易单位设置为5吨，符合产业端的交易需求，同时合约价值接近已上市的其他金属品种，便于市场各类参与者进行交易。

（二）涨跌停板幅度

工业硅期货交易实行涨跌停板制度，即交易报价超过交易所规定的涨跌停板幅度时，该交易报价无效。工业硅期货合约的设计中，将工业硅期货的涨跌停板幅度设置为上一交易日结算价的±4%，这是根据工业硅现货价格的历史波动情况进行的设置，随着期货上市交易，交易所通常会根据期货市场的价格波动情况对涨跌停板幅度进行调整。此外，在临近节假日或市场出现异常的价格波动等情况时，期货交易所可能会进一步调整涨跌停板幅度以控制市场风险。工业硅期货临近或进入交割月份时，交易所也会对涨跌停幅度进行特殊规定。

（三）合约月份

因为工业硅是连续生产的工业品金属，全年内每个月企业都可能存在套期保值需求，所以工业硅期货的合约月份按照连续的12个月安排。

（四）交割品质量

工业硅期货合约的交割品质量规定在上市后经历过一轮修改。

SI2411及之前合约适用于原合约细则，即符合《工业硅国标》规定牌号为Si5530的工业硅作为基准交割品，符合《工业硅国标》规定牌号为Si4210的工业硅作为替代交割品，对微量元素含量不作要求。此外，粒度要求为10~100毫米，粒度偏差筛下物不大于5%，筛上物不大于5%。替代交割品升水2000元/吨。

SI2412及之后的合约适用于修订后的合约细则。基准交割品除了要满足规定牌号为Si5530的工业硅以外，新增了磷含量≤0.008%、硼含量≤0.005%、碳含量≤0.04%的要求。替代交割品除了要满足规定牌号为Si4210的工业硅以外，新增了磷含量≤0.008%、硼含量≤0.005%、碳含量≤0.04%、钛含量≤0.04%、镍含量≤0.015%、铅含量≤0.001%、钒含量≤0.025%的要求。替代交割品升水800元/吨。

具体业务规则修订对照表如表3-1所示。

表3-1 《广州期货交易所工业硅期货、期权业务细则》修订对照表

原条文	修订后条文
第四条 工业硅期货合约交割标准品的质量标准适用国家标准及本细则规定。 基准交割品：达到《中华人民共和国国家标准 工业硅》（GB/T 2881-2014，以下简称《工业硅国标》）规定牌号为Si5530（名义硅含量≥98.7%、铁含量≤0.50%、铝含量≤0.50%、钙含量≤0.30%），粒度为10~100mm的工业硅（其中，粒度偏差筛下物不大于5%，筛上物不大于5%）。 替代交割品及升贴水：达到《工业硅国标》规定牌号为Si4210（名义硅含量≥99.3%、铁含量≤0.40%、铝含量≤0.20%、钙含量≤0.10%），粒度为10~100mm的工业硅（其中，粒度偏差筛下物不大于5%，筛上物不大于5%）；升水2000元/吨。	第四条 工业硅期货合约交割标准品的质量标准适用国家标准及本细则规定。 基准交割品：**符合**《中华人民共和国国家标准 工业硅》（GB/T 2881-2014，以下简称《工业硅国标》）**的要求，**其中名义硅含量≥98.7%、铁含量≤0.50%、铝含量≤0.50%、钙含量≤0.30%、**磷含量≤0.008%、硼含量≤0.005%、碳含量≤0.04%**，粒度为10~100mm（粒度偏差筛下物不大于5%，筛上物不大于5%）。 替代交割品及升贴水：**符合**《工业硅国标》**的要求，**其中名义硅含量≥99.3%、铁含量≤0.40%、铝含量≤0.20%、钙含量≤0.10%、**磷含量≤0.008%、硼含量≤0.005%、碳含量≤0.04%、钛含量≤0.04%、镍含量≤0.015%、铅含量≤0.001%、钒含量≤0.025%**，粒度为10~100mm（粒度偏差筛下物不大于5%，筛上物不大于5%）；升水800元/吨。

资料来源：广州期货交易所（若内容有更新，请以交易所官网为准：www.gfex.com.cn）。

> **延伸阅读**
>
> ### 工业硅期货合约标的是如何选择的
>
> 工业硅期货合约定位服务"硅能源"，Si5530、Si4210主要用在多晶硅领域，Si4210主要用在有机硅领域。因此交割质量标准设置思路统筹考虑金属冶炼与化工生产等领域通用标准。在指标体系方面，现有国家标准体系能够完全满足上下游企业需求，企业多关注杂质元素含量（铁、铝、钙）、微量元素含量（磷、硼、碳等）、粒度等指标。在指标选取上，广州期货交易所根据上下游企业需求、贸易合同等，确定工业硅期货质量标准，主要包括杂质元素含量（铁、铝、钙）和粒度。在标准确定方面

综合考虑各牌号供需现状以及未来变化趋势，参考《工业硅国标》制定工业硅期货交割质量标准，凡是达到 Si5530 标准的，均可以参与工业硅期货交割，达到 Si4210 标准的给予升水。

此外，交易所还根据市场变化及工业硅期货运行情况适时修订了合约细则。在修订后的合约细则中，根据市场发展现状修改了替代交割品升水，新增了下游关注的微量元素指标，使工业硅下游企业参与风险管理更加便利。

（五）交割地点

工业硅期货采取实物交割，交割地点为广州期货交易所指定的交割库。

广州期货交易所工业硅期货合约（修订后）见表 3-2。

表 3-2　　　　　广州期货交易所工业硅期货合约（修订后）

项目	内容
合约标的物	工业硅
交易单位	5 吨/手
报价单位	元（人民币）/吨
最小变动价位	5 元/吨
涨跌停板幅度	上一交易日结算价 ±4%
合约月份	1—12 月
交易时间	上午 9:00—11:30，下午 13:30—15:00，以及交易所规定的其他时间
最后交易日	合约月份的第 10 个交易日
最后交割日	最后交易日后的第 3 个交易日
交割品级	基准交割品：符合《工业硅国标》的要求，其中名义硅含量≥98.7%、铁含量≤0.50%、铝含量≤0.50%、钙含量≤0.30%、磷含量≤0.008%、硼含量≤0.005%、碳含量≤0.04%，粒度为 10~100 毫米（粒度偏差筛下物不大于 5%，筛上物不大于 5%） 替代交割品及升贴水：符合《工业硅国标》的要求，其中名义硅含量≥99.3%、铁含量≤0.40%、铝含量≤0.20%、钙含量≤0.10%、磷含量≤0.008%、硼含量≤0.005%、碳含量≤0.04%、钛含量≤0.04%、镍含量≤0.015%、铅含量≤0.001%、钒含量≤0.025%，粒度为 10~100 毫米（粒度偏差筛下物不大于 5%，筛上物不大于 5%）；升水 800 元/吨

续表

项目	内容
交割地点	交易所指定的交割库
最低交易保证金	合约价值的5%
交割方式	实物交割
交易代码	SI
上市交易所	广州期货交易所

注：1. 交易所可以根据市场情况调整各合约涨跌停板幅度和交易保证金标准。

2. 日盘交易分为三个交易小节，分别为第一节9：00—10：15、第二节10：30—11：30和第三节13：30—15：00。

资料来源：广州期货交易所（若内容有更新，请以交易所官网为准：www.gfex.com.cn）。

三、工业硅期货有哪些风险控制措施？

（一）保证金交易制度

期货市场采取保证金交易制度，交易者仅需缴纳期货合约价值的一定比例作为保证金，即可参与期货交易。保证金具有杠杆性，虽然能够放大收益，但同时也会放大风险，假设按照5%的保证金计算，那么收益与风险将会被放大20倍（100/5）。因此，为维护市场秩序、加强投资者保护，广州期货交易所在工业硅合约上采取了多种风险控制措施。

如果合约即将进入交割月份，为维护交割秩序、降低违约风险，交易所会逐步提高交易保证金标准。具体来看，交割月份前1个月第15个交易日起，工业硅期货的交易保证金标准为10%，交割月份的第一个交易日起，交易保证金标准将被上调至20%。

（二）每日无负债结算制度

每日无负债结算制度是指在每日工业硅期货合约交易结束后，广州期货交易所的结算部门会根据工业硅期货合约的当日成交价格与成交量计算出加权平均价格作为结算价，基于结算价，交易所会对当日所有工业硅期货合约的盈亏、交易保证金以及手续费进行结算，并对会员的应付、应收款项净额进行划转，从而使会员的结算准备金相应增加或减少。

与期货交易所对会员进行每日结算类似，期货公司也会对客户进行每日结算。结算涉及客户的盈亏、交易手续费、交易保证金等款项。每日结算后，如果客户的保证金水平低于期货交易所规定的保证金水平，期货公司会按照期货经纪合同约定的方式向客户通知追加保证金，如果客户无法按期追加保证金，那么期货公司会对该客户部分或全部持仓强行平仓，以使其保证金余额能够维持剩余头寸。

（三）涨跌停板制度

涨跌停板制度指的是期货交易所为每种期货合约设置一个价格波动的最大范围，即当日交易价格不得高于或低于前一交易日结算价的一定百分比。当价格触及这一范围的边界时，称为"涨停"或"跌停"。

在市场潜在风险加大时，如某合约价格出现同方向连续涨跌停板、遇国家法定长假或交易所认为市场风险产生明显变化等情况，期货交易所为了防止交易风险的扩大，会对期货交易保证金与期货合约的涨跌停板幅度进行一定调整。

（四）持仓限额制度

持仓限额简称限仓，是指期货交易所对交易者在某一期货合约上的持仓量设置最高限制的规定。广州期货交易所同时有套期保值管理相关规定，符合条件的非期货公司会员和客户可以申请增加套期保值持仓额度，取得套期保值持仓增加额度的，可建仓数量等于投机持仓限额与套期保值持仓增加额度之和。此外，在不同的时间段，工业硅期货持仓限额还存在差异化规定，具体如表3-3所示。

表 3-3　　　　　　　　不同时段工业硅期货持仓限额

时间段	非期货公司会员、境外特殊非经纪参与者、客户	
一般月份	N > 3 万手	N × 10%
	N ≤ 3 万手	3000 手
交割月份前 1 个月第 15 个交易日起	900 手	
交割月份	200 手	

注：N 为某一单边合约持仓总量（若内容有更新，请以交易所官网为准：www.gfex.com.cn）。

（五）大户报告制度

大户报告制度是指当投资者的持仓量达到或超过期货交易所规定的一定比例或数量时，必须向交易所报告其持仓情况的规则。当非期货公司会员或客户某品种合约持仓中投机头寸达到交易所对其规定的投机头寸持仓限量要求时，非期货公司会员或客户应向交易所报告其资金情况和头寸情况，客户须通过期货公司会员报告。

大户报告制度是交易所风险管理的重要工具，有助于及时发现和处理可能导致市场风险的持仓过度集中问题，通过监控大户持仓，可以防止市场操控和过度投机，维护市场公平和秩序。

延伸阅读

中国期货市场监控中心

中国期货市场监控中心成立于 2006 年 3 月，原名中国期货保证金监控中心，于 2015 年 4 月正式更名。中国期货市场监控中心的业务接受中国证监会的指导、监督和管理，其主要职能包括期货保证金安全监控、交易结算信息查询、市场运行监测监控、代管期货投资者保障基金等。中国期货市场监控中心的成立和运行对提高我国期货市场效率、加强风险管理、保障投资者资金安全、促进市场健康发展起到了重要作用。

自测题

一、单项选择题

1. 工业硅期货合约中对于履约物质量的要求由（　　）规定。
   A. 买卖双方协商　　　　　B. 广州期货交易所
   C. 中国证监会　　　　　　D. 中国期货业协会

2. 在期货交易中，买卖双方所转让的是（　　）的所有权。
   A. 期货合约　　　　　　　B. 现货协议
   C. 现货实物　　　　　　　D. 期货账户

3. 工业硅期货的交易代码是（　　）。
   A. PS　　　　　　　　　　B. LC
   C. CU　　　　　　　　　　D. SI

4. 一手工业硅期货对应（　　）吨工业硅。
   A. 5　　　　　　　　　　　B. 1
   C. 4　　　　　　　　　　　D. 10

5. 一般情况下，在非交割月，工业硅期货的涨跌停板是上一交易日结算价的（　　）。
   A. ±3%　　　　　　　　　B. ±4%
   C. ±5%　　　　　　　　　D. ±6%

6. 一般情况下，在交割月，工业硅期货的涨跌停板是上一交易日结算价的（　　）。
   A. ±3%　　　　　　　　　B. ±4%
   C. ±5%　　　　　　　　　D. ±6%

7. 工业硅期货替代交割品的升水为（　　）元/吨。
   A. 500　　　　　　　　　　B. 800
   C. 1000　　　　　　　　　 D. 2000

8. 对于工业硅期货，交易所规定最低交易保证金为合约价值的（　　）。

A. 3%   B. 5%
C. 10% D. 20%

9. 在交割月份前1个月第15个交易日起,工业硅期货的交易保证金标准为( )。

A. 3%   B. 5%
C. 10% D. 20%

10. 在交割月份的第一个交易日起,工业硅期货的交易保证金标准为( )。

A. 3%   B. 5%
C. 10% D. 20%

11. 工业硅期货的持仓限额基准为单边( )万手。

A. 1   B. 2
C. 3   D. 4

12. 在工业硅期货交易中,具有( )额度的投资者可以不受持仓限额的限制。

A. 对冲平仓   B. 实物交割
C. 现金交割   D. 套期保值

二、判断题

1. 期货交易的标的物是期货合约。 ( )
2. 工业硅期货的合约月份按照连续的12个月安排。 ( )
3. 修订后的工业硅期货交割品质量标准无微量元素要求。 ( )
4. 进入交割月后,单个客户工业硅期货持仓限额为900手。 ( )

参考答案

一、单项选择题

1. B   2. A   3. D   4. A   5. B   6. D   7. B   8. B   9. C

10. D 11. C 12. D

二、判断题

1. √ 2. √ 3. × 4. ×

第四章

影响工业硅价格的主要因素

> **本章要点**
>
> 无论是参与工业硅期货的套期保值还是参与投机交易，价格都是市场参与者最为关注的因素。本章将通过回溯工业硅历史价格走势及其历史背景，分析影响工业硅价格的主要因素，使市场参与者认识到宏观经济形势、产业结构、产业政策、企业成本利润、海外市场需求等各方面均会对工业硅价格走势产生影响，便于市场参与者掌握分析工业硅价格走势的基本思路。

一、影响工业硅价格的主要因素有哪些？

在分析工业硅价格影响因素之前，我们首先回顾工业硅历史行情走势，同时寻找影响行情波动的历史原因。

以通氧工业硅 Si5530 为例,可以发现在历史上工业硅价格整体走势呈现震荡趋势,波动较为平缓,仅在 2021 年下半年波动剧烈,如图 4-1 所示。

从 2012 年到 2015 年第一季度,工业硅供需关系稳定,价格波动稳中有升,维持在 10000~12000 元/吨。2015 年第二季度开始,工业硅新增产能释放的同时,需求却不断走弱,国内整体投资环境下行也导致工业硅需求萎靡不振,特别是铝合金价格的下跌令工业硅价格承压明显,工业硅呈现出阶段性过剩的状态,还出现了部分仓库满仓的情况。在随后一段时间内,受产量持续增长、巴西市场抢占海外份额等多重因素影响,工业硅价格呈现出了较长时间的低位震荡走势,这种价格低迷的情况一直持续至 2017 年。

2017 年后,受中央环保督察政策影响,新疆大量煤电硅一体化项目停建缓建,还有部分已经投入运行的落后产能被逐步淘汰,再叠加成本上升的影响,工业硅价格一度出现大幅上涨,2017 年第三季度时价格一度逼近 15000 元/吨。随着供给侧结构性改革的有序推进,工业硅价格开始逐步回归理性,伴随着需求增速的放缓,工业硅价格在 2019 年一度跌破万元关口。

2020 年,新冠疫情暴发,部分工业硅企业生产受到影响,供应的趋紧对工业硅价格形成支撑。同样在 2020 年,我国正式提出"双碳"目标,新能源光伏产业爆发式增长,作为光伏产业链最重要原材料之一的多晶硅也进入了大涨行情,多晶硅产量增加拉动工业硅需求快速增长,工业硅价格重新上涨至 12000~13000 元/吨。

2021 年是工业硅历史上价格波动幅度最大的一年,受能耗双控政策以及经济景气带来的电力需求大增影响,新疆、云南以及四川等主产地部分地区电力供应紧张,部分产能开工受到限制,供需平衡呈现出持续短缺的局面,工业硅价格一度涨至 60000 元/吨以上。随后,限制供应的因素逐步解除,工业硅短缺状况逐渐缓解,2021 年第四季度工业硅价格又再度回落。

2022—2024 年,工业硅价格整体上呈现出下跌的趋势,主要原因在于国内房地产经济下行拖累需求的同时,新增产能还在不断释放,导致工业硅过剩的压力不断增加。此外,原料价格的下降使工业硅成本支撑减弱,也是工业硅价格走低的重要原因。

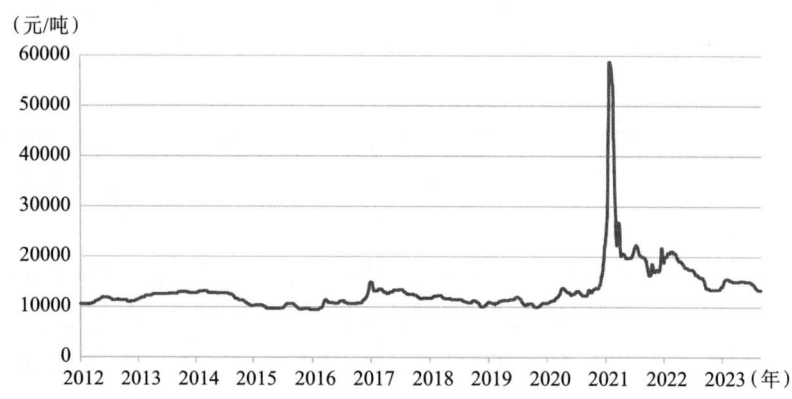

图 4-1　通氧工业硅 Si5530 价格（昆明—平均价）

数据来源：上海有色网。

通过对工业硅历史价格波动的复盘，可以发现在市场环境中存在多种因素共同影响工业硅价格。

按影响因素性质划分，影响工业硅价格的因素包括供需因素、成本利润因素以及产业政策因素等。

根据经济学基本原理，商品的价格由供需关系决定，当一种商品的供应与需求相等时，价格就会达到均衡状态。当供应大于需求时，商品价格会下降，促使供应减少、需求增长；当供应小于需求时，商品价格就会上涨，促使供应增加、需求减少，这样供求就能够重新达到平衡。因此，供需关系是价格决定的核心，无论什么影响因素，最终都是通过影响商品供需关系进而影响价格的。例如，当工业硅因原材料短缺、生产事故、政策限制等因素出现供应减少，或者下游行业扩张带动需求增长时，工业硅价格往往会上涨。

成本和利润也是影响工业硅价格的关键因素，生产成本的上升通常迫使生产者为了维持或实现必要的利润水平而提高售价或减少生产；反之亦然。对工业硅而言，需要考虑的因素包括原材料成本、电力成本等多方面。

产业政策通过影响工业硅的生产成本、市场准入、产量和出口等多个方面综合作用于其价格。例如，政府提供的税收优惠、补贴或融资支持可以降低生产成本，增加市场供给，从而对价格构成下行压力，但是供给侧结构性改革以及能耗双控等政策和法规的加强会限制高污染产能，减少市场供给，反过来推高价格。此外，政府对新能源和高科技产业的扶持政策，也有可能会增加对工业硅的需求，从而提升其价格。

按影响因素持续时间划分，影响工业硅价格的因素包括短期因素、中期因素、长期因素。

影响工业硅价格的短期因素主要包括市场情绪、采购销售行为、库存变化、突发自然灾害或事故导致的生产中断以及宏观经济数据发布引起的预期变化等。

影响工业硅价格的中期因素涉及工业硅企业开工率的变化、成本变化、下游行业需求的波动、国内外政策变动如环保法规、贸易政策的调整以及行业内部的竞争格局变化等。

影响工业硅价格的长期因素则包括全球经济发展趋势、上下游产能规划、产业布局、能源价格的长期趋势、技术革新以及政府长期产业政策等。

二、宏观经济形势如何影响工业硅价格？

宏观经济描述的是总量经济活动，是指整个国民经济或国民经济总体及其经济活动和运行状态，总量经济的状态会传导至包括工业硅在内的所有工业品之上，从而影响其价格。宏观经济对商品的作用机制是多方面的，不仅包括国内经济增长，还包括财政及货币政策、市场预期等多方面。

（一）国内经济增长对工业硅价格的影响

国内经济增长通常会与总需求相联系，当国内经济环境向好发展时，消费者的信心与消费意愿往往也会随之好转，在此情况下，工业产业会进行扩大再生产以满足不断增长的消费需求。

工业硅的终端消费领域包括汽车、建筑、材料等多方面，在经济繁荣期，这些行业快速发展，而扩大生产需要采购更多的原材料，因此工业硅的需求往往也会随之增加，进而促进工业硅价格上涨。反之，在经济衰退期，下游的生产企业在面临亏损时会选择关停产线，导致下游对原料工业硅的需求减弱，进而使工业硅价格下跌。

宏观经济的周期性波动不仅会影响工业硅需求，也有可能会使工业硅产业供给发生显著变化。在经济繁荣时，工业硅企业生产更有利可图，这就可能导致生产者希望扩大工业硅产能规模来获取更多利润，因此，当工业硅的供应因产能扩大而增加时，如果下游需求没有出现持续增长或者增长速度缓慢，那么工业硅就会出现产能过剩，从而导致价格下跌。相反，如果企业因亏损减产甚至去产能，引起工业硅短缺，在"物以稀为贵"的情况下，工业硅价格会出现上涨。

> **延伸阅读**
>
> 判断宏观经济状况的指标有哪些？
>
> 宏观经济状况包括多方面内涵，涉及总量增长、就业、消费等诸多方面，因此可以根据一些经济指标来判断目前的宏观经济究竟是处于什么状态，常用的经济指标如下：
>
> 1. 国内生产总值（GDP）
>
> GDP是衡量一个国家或地区在一定时期内经济活动总量的统计指标。它表示一个国家或地区在特定时期内，生产的全部最终产品和服务的市场价值总和。GDP是评估国民经济规模、经济结构和经济状况的重要指标，通常用来比较不同国家或地区的经济规模，以及分析一个国家或地区经济增长或衰退的趋势。
>
> 2. 城镇调查失业率
>
> 城镇调查失业率是衡量一个国家或地区城镇劳动力市场中失业状况的重要宏观经济指标。它指的是在特定时间点，城镇中失业且正在积极寻找工作的劳动力人口占总劳动力人口的比例。该指标对于分析就业形

势变化和宏观经济走势具有重要意义，常被视为经济健康的"晴雨表"之一。

3. 社会消费品零售总额

社会消费品零售总额是衡量一个国家或地区在一定时期内消费品市场销售情况的重要宏观经济指标，是指企业（包括单位、个体户）通过交易直接售给个人和社会集团非生产、非经营用的实物商品金额，以及提供餐饮服务所取得的收入金额。该指标通常被用来反映国内消费品市场的总规模和地域分布情况，为国家宏观调控提供依据，也能够反映城乡居民和社会集团对实物商品消费需求的总量和变化趋势。

4. 居民消费价格指数（CPI）

CPI是衡量一段时间内居民购买一篮子商品及服务价格水平变动趋势和变动程度的相对数。CPI通常被用来反映通货膨胀或紧缩的程度，并且是计算国内生产总值（GDP）以及资产、负债、消费、收入等实际价值的重要参考依据。

5. 制造业采购经理人指数（PMI）

PMI是扩散指数的一种形式，也是衡量制造业经济活动的关键经济指标。它基于对制造业采购经理的月度问卷调查结果来计算，涵盖了企业在采购、生产、流通等各个环节的活动情况。PMI指数的临界点是50%，当PMI高于50%时，它通常被解释为制造业正在扩张；当PMI低于50%时，则表明制造业正在经历收缩。

6. 社会融资规模

社会融资规模指一定时期内（如每月、每季或每年）实体经济（非金融企业和个人）从金融体系获得的全部资金总额，包括金融机构的资产运用和实体经济通过金融市场获得的直接融资。

（二）宏观经济政策对工业硅价格的影响

宏观经济政策通常包括财政政策、货币政策以及汇率政策等，不同类型的政策对工业硅价格的影响路径并不相同。

财政政策是政府通过其收入（主要是税收）和支出来影响经济活动和实现宏观经济目标的一系列措施。在经济衰退或增长缓慢时，政府通过增加支出、减少税收或两者兼用来刺激总需求，促进经济增长；在经济过热或通货膨胀高企时，政府通过减少支出、增加税收或两者兼用来抑制总需求，给经济降温。政府的财政支出和税收政策会影响工业硅的消费，例如政府对可再生能源行业的补贴和支持可能会增加对工业硅的需求，因为工业硅是制造太阳能光伏电池的关键原材料，所以当下游消费增加时，会相应带动工业硅价格上涨。

货币政策是中央银行或货币当局为了实现宏观经济目标（如控制通货膨胀、促进经济增长和就业）而采取的关于货币供应量和利率调节的措施。货币政策的宽松或紧缩会直接影响市场流动性和资金成本。例如，宽松的货币政策可能会降低企业融资成本，刺激投资和生产活动，从而增加对工业硅的需求，反之则可能减少需求。

汇率政策也可能会影响工业硅价格。货币当局对汇率施加干预，如推动本国货币贬值时，以本币计价的工业硅对国外买家来说会变得更便宜，这可能增加出口量，从而推高工业硅价格。相反，如果本国货币升值，出口产品在国际市场上的价格竞争力减小，进而导致工业硅出口量减少，可能对价格产生下行压力。

三、工业硅生产成本对工业硅价格有影响吗？

（一）工业硅生产的原材料成本对价格的影响

工业硅在生产过程中所需要用到的原材料包括硅石、碳质还原剂、电极以及其他各类辅料等，原材料成本约占工业硅生产成本的1/3。

硅石是生产工业硅的主要原料，通常是经过破碎和筛分后的石英岩或石英砂，生产1吨工业硅需要消耗2.7~3吨硅石。

碳质还原剂主要包括石油焦、洗精煤、木炭等，还原剂的主要用途是将硅石中的二氧化硅还原为工业硅金属。在实际生产中企业会根据还原剂的性能、成本以及可得性来选择和配比不同的还原剂。每生产1吨工业硅，需要消耗2~2.5吨碳质还原剂。

当原材料价格上涨时，工业硅的生产成本也会随之增加，如果企业不及时调整工业硅的销售价格，那么其利润可能就会受损，所以为了保证企业的可持续经营，原材料价格上涨往往会导致价格的上升；反之，则有可能使工业硅价格下跌。

（二）工业硅生产的电力成本对价格的影响

工业硅的生产过程需要消耗较多电力，通常情况下，每生产1吨工业硅就要消耗电力1.3万度左右，电力成本约占工业硅生产成本的1/3。

在本书第二章中曾提到，新疆产区的工业硅生产采取"火—电—硅"的模式，由于火力发电更为稳定，因此新疆地区的电价波动也更为平稳。而与之相反的是，云南和四川地区的生产模式是"水—电—硅"，水力发电的季节性特征更强，丰水期和枯水期的电价差异会直接影响工业硅的生产成本，进而影响其市场价格。在丰水期（通常为每年的6月至11月），水力发电量充足，电价较低，会降低工业硅的生产成本，从而可能增加市场供应。此时，如果下游需求无明显变化，工业硅的价格可能会存在一定的下行压力。相反，在枯水期（通常为每年的12月至次年5月），水电资源紧张，电价上涨，导致工业硅生产成本增加。如果供应减少而需求基本保持不变，工业硅的价格可能会因此上涨。

> **延伸阅读**
>
> **四川和云南的水力发电**
>
> 四川和云南是我国最重要的水力发电省份，也是"西电东送"工程的主要输出端。2023年，四川水电生产达到3583.3亿千瓦时，居全国首位，云南以2897.6亿千瓦时的水电产量紧跟其后。
>
> 四川和云南两地的电力供应具有明显的季节性特征，主要受水力发

电季节性波动的影响,按照降水量可划分为丰水期和枯水期。丰水期通常指的是每年的6月至11月,这一时期由于降雨量充沛,河流水位较高,水力发电量较大,电力供应相对充足;枯水期一般为每年的12月至次年5月,这一时期降水量减少,河流进入枯水状态,水力发电量相应减少,电力供应相对紧张。在枯水期,水电供应会下降,需要火电等其他能源来弥补电力供应的不足。为了适应电力供需的季节性变化,四川和云南等地实施丰枯水期电价政策,即在丰水期提供较为优惠的电价,鼓励用电,而在枯水期电价相对较高,以调节电力需求。

近年来,全球变暖和极端气候的频发也给四川和云南的电力供应带来不确定性。例如,2022年夏天,极端高温天气来袭直接导致用电需求暴增,但降水量相较往年同期则下降了50%以上,导致四川丰水期"汛期反枯",岷江、大渡河等流域达到有实测记录以来同期最枯。

四、工业硅的供需关系如何影响价格?

商品的供需关系描述了在特定时间内市场中的供应量与需求量之间的相互作用。供应指生产者在一定时间内,在各种可能的价格水平下,愿意并且能够出售的商品或提供服务的数量;而需求指消费者在一定时间内,在各种可能的价格水平下,愿意并且有能力购买的商品或服务的数量。当供应量与需求量相等时,市场达到均衡状态。然而,在现实生活中,几乎没有商品的供需关系可以持续处于均衡状态,当供应量超过需求量时被称为过剩,此时生产者为了销售其商品,可能会降低价格以吸引消费者,导致商品价格下跌;反之,供应量小于需求量则被称为紧缺,由于商品供不应求,消费者愿意支付更高的价格,这通常会导致商品价格上涨。

(一) 工业硅的供需特点

工业硅生产主要集中在新疆、云南、四川等地，供应区域较为集中。由于云南、四川等地的水力发电具有季节性，在枯水期云南和四川的工业硅生产规模可能会因为电力成本上升而下降，而在丰水期产量则会上调，所以工业硅供应具有季节性特征。不过，2020年后新疆、内蒙古等地的新增产能逐步释放，全国工业硅生产的季节性波动有所减弱。

从需求角度来看，工业硅的需求较为广泛，主要包括有机硅、多晶硅以及铝合金三大板块，随着经济增长以及人民消费水平的提高，整体需求呈现增长趋势。在过去相当长的时间内，工业硅的主要需求为有机硅，所以有机硅的需求波动通常会对工业硅需求产生重大影响。而在新能源光伏产业快速发展的背景下，在工业硅下游中，多晶硅需求占比在2023年开始超过有机硅，影响工业硅需求的主要消费领域就转变为了多晶硅。此外，在工业硅的终端消费领域中，光伏、地产等往往会呈现出周期性的波动，这在一定程度上也使工业硅的需求具有周期性波动的特征（见图4-2）。

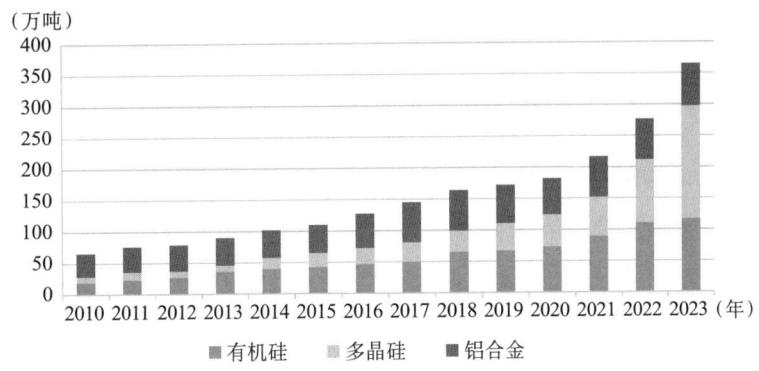

图4-2 我国工业硅下游需求消费量变化趋势

数据来源：上海有色网。

(二) 工业硅供需关系对价格的影响机制

从长期角度分析，在需求平稳时期，工业硅扩产动力相对较弱，因为供需之间已经形成了均衡状态，此时价格波动也较为平缓。而当供应或需求某一端出现长期性的反转时,例如供给侧结构性改革加速淘汰工业硅落后产能,或者新能源光伏产业爆发增长大幅拉动需求增长等情况,就会打破供需平衡。如果供需关系转向短缺,那么价格往往就会出现上涨,反之则会下跌。此外,长周期波动也会影响工业硅的供需平衡,进而影响价格走势,这主要发生在需求领域,例如房地产周期低迷会拖累有机硅的需求,而光伏产业的周期成长则会带动多晶硅的需求,如果此时供应端没有变化,那么供需平衡就会因此调整。

从短期角度分析,影响供需关系的因素通常都是季节性、突发性的,影响时间一般不超过 1 年。在枯水期,云南、四川的工业硅企业会下调开工率,从而使供应减少,不过随着丰水期到来,这部分供应又会随之恢复。例如,2021 年夏季,受能耗双控政策及电力需求增加的影响,部分地区电力供应紧张,部分产能被迫停产,供应端的突发性扰动直接打破了原有的平衡,导致工业硅价格一度上涨了 3 倍多,其中冶金级工业硅 Si5530 价格从 1.5 万元/吨涨至将近 6 万元/吨,不过随着电力供应恢复和产能重启,这种突发性扰动很快就结束了。

另外,对于供需关系变化的预期也会影响价格。预期对于企业的投资生产有着重要影响,企业往往会在预期乐观时筹划扩产,在预期悲观时进行减产或退出市场,最终将通过影响供需关系来引起工业硅价格波动。

预期在工业硅期货市场中也扮演着重要角色。由于期货合约涉及的是未来某个时间点的履约交易,投资者在预期需求将出现好转的情况下,往往会在预期成为现实之前就开始调整交易行为,因此工业硅的期货价格可能提前反映出市场对供需好转的预期,随着投资者基于这些预期进行买入操作,期货价格会相应上升;反之,期货价格会相应下降。

(三) 价格也会影响供需关系

上文着重介绍了供需关系对价格的影响,不过实际上价格的波动也会反过来影响供需关系,因为价格的上涨或者下跌会影响市场参与者的决策,从而实现对供需关系的调整。

当工业硅的价格上涨时,下游消费企业会倾向于减少采购,从而控制成本避免亏损;与此同时,生产企业在面对更高的价格时,受到利润增加的激励,可能会提高产量,导致供给进一步增加,最终供需双方各自独立的决策会使供需关系重新恢复平衡。反之,在供需过剩导致工业硅价格下行时,下游企业会逢低采购原材料,而工业硅生产企业则担心价格的持续下跌会导致亏损,从而选择减产,使供需关系再度回到均衡水平。

五、如何看待产业政策对工业硅价格的影响?

产业政策是政府为了实现一定的经济和社会目标,对特定产业或产业群进行选择性支持或限制的一系列政策措施。政府通过政策引导和干预,促进产业结构的优化升级,增强产业竞争力,从而推动经济和社会的可持续发展。

政府实行的各类限制性政策往往会对工业硅供应产生影响。例如,新疆曾印发《关于印发认真贯彻习近平总书记提出的"严禁三高项目进新疆"指示精神着力推进硅基新材料产业健康发展实施意见的通知》,要求将工业硅产能总量控制在 200 万吨以内。2017 年,云南发布《云南省人民政府关于推动水电硅材加工一体化产业发展的实施意见》,要求到 2020 年,将工业硅产能控制在 130 万吨以内,并对现存落后产能实行减量置换。2021 年 9 月,云南发布《云南省节能工作领导小组办公室关于坚决做好能耗双控有关工作的通知》,要求确保工业硅企业在当年 9—12 月的月均产量不高于 8 月产量的 10%。此外,云南还发布了《云南省工业和信息化厅关于钢铁等 4 个行业限制类淘汰类装置名单》,其中有 20 家工业硅企业被列入限制类装置名单。总体来看,政策因素可能导致供应大幅减少,会在短期内推升价格水平。

各地区通常还会针对工业企业设置地区性的环保要求,这要求企业投入更多成本来降低能耗排放、提升环保水平,设备及运营成本的增加也可能会带动工业硅成本上升,促使工业硅价格走高。

不过,国家发展改革委等部门发布的《高耗能行业重点领域能效标杆水平和基准水平（2021年版）》中，工业硅行业未被列入最新版的"高能耗"行业目录之内，如果能耗政策对工业硅的限制有所放松，则供给约束的缓解可能推动工业硅价格下降。

此外，我国还在努力推动实现"双碳"目标，这是我国为应对全球气候变化挑战、推动绿色低碳发展而提出的重要战略目标。一方面，在"双碳"目标指引下，国内新能源光伏产业迎来了飞速发展，光伏产能的扩张需要更多工业硅原料的支持，需求的大幅增长会对工业硅价格上涨形成助力。另一方面，"双碳"目标政策也有助于推动工业硅产业绿色转型升级，提升技术水平，优化产业结构，这可能导致工业硅生产成本上升，进而影响价格。

六、海外需求如何影响工业硅价格？

海外市场的需求变化直接影响我国工业硅及其下游产品的出口量，进而影响国内市场价格。

为了分析海外市场的需求，我们需要从海外市场经济状况着手。例如，当海外居民消费能力走弱或是经济步入萧条时，企业生产通常会进入低迷状态，同时投资活动也会放缓，可能会拖累工业硅的直接需求。

此外，由于我国有相当数量的工业硅是通过有机硅、铝合金以及终端消费品等形式出口，海外终端市场的景气程度也会影响工业硅下游产品的需求量，进而将影响传导至国内工业硅价格上（见图4-3）。例如，若欧洲地区的光伏装机需求旺盛，我国出口欧洲的光伏产品数量增加，将会促进多晶硅的消费，进而带动工业硅需求增长。

从海外产业结构来看，海外国家和地区对工业硅的直接需求主要集中在有机硅和铝合金两个领域，有机硅的终端应用遍布日常生活、医疗器具、航天军工等多个领域，铝合金则更多应用在汽车领域，鉴于海外工业硅下游需求分散在多个领域，因此，总体需求与国际经济情况密不可分。

图 4-3　我国工业硅下游需求消费量变化趋势

数据来源：上海有色网。

影响海外需求的另一个因素是贸易政策，如关税、贸易协定或反倾销税等，会影响工业硅的国际贸易成本和流通量，导致海外市场对我国工业硅的需求降低，进而影响其价格。

1990 年以来，以美国和欧盟为首的西方国家和地区对我国工业硅征收了超过 30 年的高额反倾销税。自 1991 年 6 月起，美国对我国工业硅设置高达 139.49% 的反倾销税，经多次日落复审，仅有两家公司的反倾销税降至了 23.16% 和 50.02%，其余中国企业的适用税率不变。在对我国工业硅的贸易政策态度上，美国具有引领作用，其重要贸易伙伴国（加拿大、澳大利亚等）的政策态度与美国存在部分趋同。欧盟反倾销税率整体低于美国，于 2004 年起对我国工业硅产品征收 49% 的反倾销税，并在 2010 年与 2016 年的日落复审结束后，分别将反倾销税率降为了 19% 和 16.8%。近年来相关审查还在反复进行。

> **延伸阅读**
>
> **美国针对我国光伏产业的限制政策**
>
> 美国最早于 2011 年开始针对我国光伏产业开展"双反"调查，2012 年

美国商务部裁定对我国光伏产品征收 18.32%～249.96% 的反倾销税以及 14.78%～15.97% 的反补贴税。随后，美国又开启二次"双反"调查，2014 年美国商务部正式宣布，对从中国大陆进口的晶体硅光伏产品发起"双反"调查，产品范围从"晶体硅光伏电池"扩大至包括电池、组件、层压材料在内的"晶硅体光伏产品"，同时对从中国台湾地区进口的晶体电池产品发起反倾销调查，2015 年美国国际贸易委员会认定自中国进口的晶体硅光伏产品对美国产业构成实质损害，美方将据此征收"双反"关税。2018 年，时任美国总统特朗普基于对太阳能产品的全球过剩产能和对美国国内产业影响的考虑，决定根据《1974 年贸易法》第 201 条，对进口太阳能电池和组件征收保障性关税。2024 年 5 月 16 日，美国又宣布取消了对双面光伏组件的 201 关税豁免。2018 年 9 月，特朗普政府对进口的部分中国产品开始加征 10% 的关税，其中涉及光伏组件、逆变器以及其他辅材。2019 年 5 月，301 关税税率被提升至 25%。2024 年 5 月 14 日，美国公布 301 复审结果，其中对光伏电池（无论是否组装为组件）征收 50% 的税率。

自测题

一、单项选择题

1. 政府实行（　　）财政政策或货币政策，将有助于促进企业的投资生产。

A. 宽松性　　　　　　　　B. 紧缩性

C. 观望性　　　　　　　　D. 激进性

2. 在经济衰退期，下游对原料工业硅的需求减弱，有可能进一步使工业硅价格（　　）。

A. 上涨　　　　　　　　　B. 下降

C. 宽幅震荡　　　　　　　D. 平稳运行

3. 投资者往往会在预期（　　）就开始调整他们的交易行为。

A. 成为现实之前　　　　　B. 成为现实之后

C. 落空之后　　　　　　　D. 不确定时

4. 城镇调查失业率指的是在特定时间点，城镇中（　　）占总劳动力人口的比例。

A. 失业且正在积极寻找工作的劳动力人口

B. 失业且没有新的工作计划的劳动力人口

C. 失业以及认为自己将在 1 个月内失业的劳动力人口

D. 失业且正在积极办理离职手续的劳动力人口

5. 社会融资规模指一定时期内实体经济从（　　）中获得的全部资金总额。

A. 财政体系　　　　　　　B. 贸易体系

C. 银行体系　　　　　　　D. 金融体系

6. 在工业硅的成本构成中，（　　）占比最高。

A. 人力成本和电力成本　　B. 原材料成本和费用成本

C. 原材料成本和电力成本　D. 辅材料成本和电力成本

7. 生产 1 吨工业硅需要消耗（　　）吨硅石。

A. 2.7～3　　　　　　　　B. 2.5～2.7

C. 3.3～3.5　　　　　　　D. 2.5 以下

8. （　　）地区是我国"西电东送"工程的主要输出端。

A. 新疆和云南　　　　　　B. 四川和广西

C. 四川和云南　　　　　　D. 新疆和内蒙古

9. 当供应量与需求量相等时，市场达到（　　）状态。

A. 均衡　　　　　　　　　B. 平等

C. 过剩　　　　　　　　　D. 紧缺

10. 随着光伏产业快速发展，影响工业硅需求的主要消费领域转变为（　　）。

A. 有机硅　　　　　　　　B. 多晶硅

C. 铝合金　　　　　　　　D. 光伏银浆

11. 短期因素对工业硅价格的影响时间一般不超过（　　）。
   A. 1年　　　　　　　　　　B. 1个月
   C. 10个月　　　　　　　　　D. 3年

12. 当工业硅价格波动时，供需双方的各自理性决策行为会使供需关系（　　）。
   A. 达到过剩　　　　　　　　B. 达到紧缺
   C. 重新恢复平衡　　　　　　D. 出现混乱

13. 能耗双控政策通过影响（　　）来影响工业硅价格。
   A. 供应和成本　　　　　　　B. 供应和出口
   C. 进口和成本　　　　　　　D. 税收和费用

14. 海外经济步入萧条，工业硅需求将会（　　）。
   A. 下降　　　　　　　　　　B. 上升
   C. 持平　　　　　　　　　　D. 难以判断

15. 某国对我国工业硅施加关税，则海外工业硅需求将会（　　）。
   A. 下降　　　　　　　　　　B. 上升
   C. 持平　　　　　　　　　　D. 难以判断

二、判断题

1. 商品的价格由供需关系决定，所以政策不会影响工业硅价格。
（　　）

2. 原材料成本约占工业硅生产成本的1/3。（　　）

3. 当还原剂价格上涨时，工业硅的生产成本增加，往往会导致工业硅价格的上升。（　　）

4. 工业硅的生产过程需要消耗的电力不多。（　　）

5. 云南、四川等地的水力发电具有季节性，所以工业硅供应具有季节性特征。（　　）

6. 海外国家对工业硅的直接需求主要集中在有机硅和铝合金两个领域。
（　　）

参考答案

一、单项选择题

1. A 2. B 3. A 4. A 5. D 6. C 7. A 8. C 9. A
10. B 11. A 12. C 13. A 14. A 15. A

二、判断题

1. × 2. √ 3. √ 4. × 5. √ 6. √

第五章

企业如何利用工业硅期货进行套期保值

> **本章要点**
>
> 本章从什么是套期保值、工业硅各产业链企业为什么要参与套期保值出发,研究分析工业硅产业链各环节上的企业如何进行套期保值,并介绍了相关企业的套期保值策略。此外,本章明确了套期保值的操作流程,并指出了操作过程中需要注意的事项。最后,本章还介绍了企业的套期保值效果评价原则以及套期会计处理方法。

 一、什么是工业硅期货的套期保值?

企业经营中会面临各种风险,如价格风险、政治风险、法律风险、操作风险、信用风险等。面对风险,企业可以选择躲避风险、预防风险、分散风险、转移风险等多种应对手段。套期保值（Hedging），又称避险、对冲等，本质上是一种转移风险的方式，是企业通过买卖衍生工具将风险转移至其他交易者的过程。

《中华人民共和国期货和衍生品法》明确指出套期保值是交易者为管理因其资产、负债等价值变化产生的风险而达成与上述资产、负债等基本吻合的期货交易和衍生品交易的活动。具体指交易者在买进（或卖出）实际货物的同时，在期货交易所卖出（或买进）同等数量的期货交易合同作为保值。它是一种为避免或减少价格发生不利变动的损失，而以期货交易临时替代实物交易的一种行为。

工业硅期货的套期保值即工业硅产业链企业为规避工业硅价格风险，通过持有与工业硅现货头寸相反的工业硅期货或工业硅期权等衍生品工具，以期对冲工业硅价格风险的管理活动。

二、企业为什么要参与套期保值？

企业通过套期保值操作，一是可以减少价格波动给企业经营带来的市场风险，达到平滑企业利润、降低利润波动性的目的（如图 5 - 1），有效减少

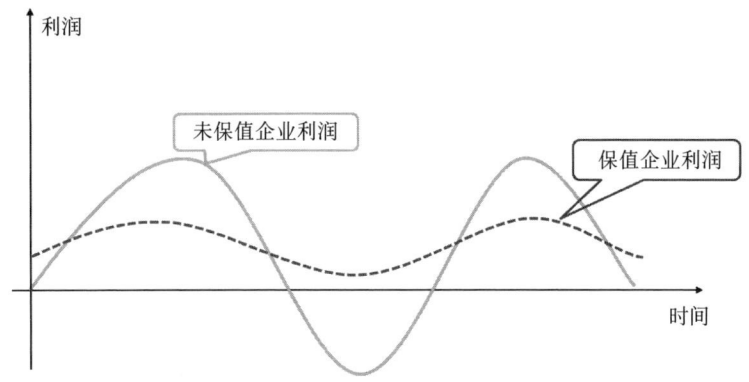

图 5 - 1　参与套期保值前后企业利润曲线示意

企业的亏损风险和破产风险，保障企业生产经营的持续稳定；二是可以利用期货市场提高企业运营效率，由于期货交易是一种保证金交易，参与套期保值可以有效提高企业的资金使用效率。

（一）锁定经营成本及收入，平滑企业利润

将原材料或产品价格波动控制在一定范围内有利于企业稳定经营，成本或利润波动过大是企业难以承受的。企业在实际经营过程中，通过现货市场锁定大量原料或成品价格几乎不可能实现，企业经营利润会随着市场波动而波动，盈利的不确定性较强。但通过期货市场，可以较便利地进行提前锁定买入价格或卖出价格的操作。最终，使企业经营利润更为平滑，避免在行情极端不利时企业经营陷入困境。

（二）提高企业运营效率

企业在生产经营中往往面临资金使用效率不足的问题，具体表现在资金短缺时存在或有原材料补库的需求、充裕时部分资金闲置。由于期货市场实行保证金交易，企业可用较少资金建立与现货市场等量的期货头寸，提高资金使用效率。

例如，企业可以通过对期货头寸的调节实现仓储管理。当企业需要锁定库存成本，但暂时对现货入库无需求时，仅需要买入对应月份的期货合约即可，这等同于在期货市场中构建了虚拟库存。虚拟库存的建立也能帮助企业节约仓储费用，在各月期货之间存在价差时，还能通过灵活选择价格有利的合约月份增加收益。当企业想要降低库存时，可以在期货盘面卖出一定数量的期货合约，不对实货库存进行调整即可完成库存敞口调节。

> **延伸阅读**
>
> **云南怒江硅企运用套保工具成功对冲价格下跌风险**
>
> 在 2023 年硅价持续下跌的背景下，云南怒江硅企先后与多家期现贸易公司合作参与了卖出套期保值交易，对冲了产品价格大幅下跌的风险，科学有效地利用期货管理产能。2023 年 6 月，云南怒江产区企业开工率

达到 88%，而同期云南其他产区的开工率不足 20%。

以该地区某硅企为例，企业在 3 月时与期现贸易公司签订一口价合同，提前锁定未来几个月的销售利润。尽管锁定的价格低于当时的现货价，但是由于判断未来价格会下跌，他们以当期的生产原材料成本（3 月硅石、硅煤、石油焦等价格还处在高位）、保值期 3 个月后的云南丰水期电价以及 3 月做套保时的现货销售价进行核算，发现仍有约 2000 元/吨的利润，于是就果断与期现贸易公司开展"合作套保"。这样，在价格下跌、现货渠道销售不畅的情况下，工业硅期货不仅拓宽了硅企的销售渠道，利润也得到了保证。

三、套期保值的原理有哪些？

套期保值的核心原理是"风险对冲"。利用期货价格和现货价格的趋合性和同向性，通过交易期货实现基本锁定现货价格的目标。

同向性是指，对于同一种商品而言，现货市场及期货市场会受到相同的宏观经济环境及供需基本面影响，因而一般情况下期现货市场价格会同向变动。

趋合性是指，由于商品期货合约到期后基本以现货交割方式了结，期货与现货之间尽管会因预期因素存在一定价差，但价差通常不会过大，且随着期货合约到期日临近，期货与现货价格逐渐收敛，否则将出现无风险套利机会（如图 5-2）。

在上述两大特性成立的前提下，套期保值还需要遵循三大原则，以此形成较好的风险对冲效果。一是交易方向相反原则，即期货与现货市场买卖方向必须相反；二是商品数量相同及种类相近原则，即期现货市场交易的品种数量需相同，同时品种需相近，例如参与套期保值的现货头寸须为工业硅，即使牌号可能存在不同；三是月份相同或相近原则，即选用的期货合约交割月份应与未来现货市场买卖时间相同或相近。

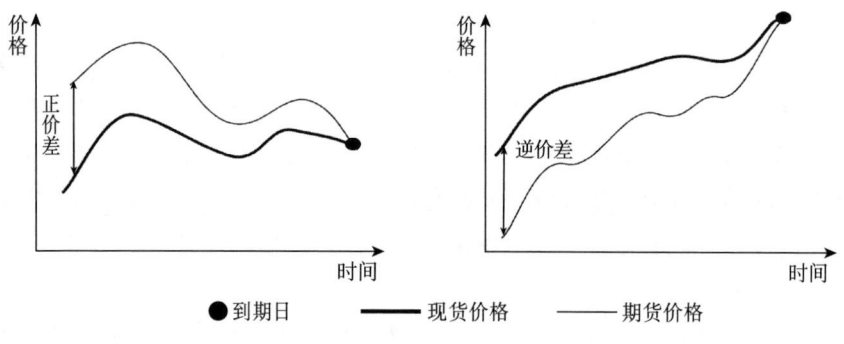

图 5-2　期货与现货的趋合性及同向性

　四、如何确定企业的风险与风险敞口？

企业参与套期保值的目的在于对冲价格波动风险，因此，在参与套期保值之前，企业需要确定面临的风险敞口的大小。

企业的价格风险主要体现为：

（1）单风险敞口，即企业的原材料或产成品只有一方面存在较大的价格变动风险，而另一方面价格较为确定；

（2）双风险敞口，原材料和产成品均面临较大价格风险。

按照工业硅产业链上下游区分，企业面临的风险为：

（1）工业硅生产企业，主要担心销售价格下跌和库存跌价风险；

（2）工业硅消费企业，主要担心原材料价格上涨导致采购成本上升的风险；

（3）贸易企业，既面临产品价格上涨带来的采购成本上升风险，又面临产品价格下跌带来的销售价格下滑风险（见表 5-1）。

表 5-1　　　　　　　工业硅产业链企业面临的风险

企业类型	风险敞口类型	主要风险
工业硅生产企业	单敞口	工业硅价格下跌风险
工业硅消费企业	单敞口	工业硅价格上涨风险
贸易企业	双敞口	既存在工业硅价格上涨带来的采购成本上升风险，又面临工业硅价格下跌带来的销售价格下滑风险

 五、工业硅相关企业有哪些套期保值策略？

（一）工业硅生产企业的套期保值策略

对于工业硅生产企业来说，工业硅销售价格波动是企业经营面临的一大风险，为了防止工业硅跌价而遭受损失，生产企业可以选择卖出套期保值来规避风险，套保时间主要通过测算企业利润情况及分析利润发展趋势确定，在生产利润较高时进行卖出套保锁定利润。

案例 5-1

以 A 公司为例，1 月 3 日昆明交货 421 现货价 19100 元/吨，期货 SI2308 合约价格 17815 元/吨。A 公司预期随着丰水季的到来，价格将下跌，计划提前锁定未来几个月的销售利润，以 17815 元/吨的价位在期货市场卖出套期保值，数量为 2000 吨。5 月 26 日，昆明交货 421 现货价格 14000 元/吨，每吨下跌了 5100 元；SI2308 合约 5 月 26 日结算价为 12690 元/吨，期货端盈利 5125 元/吨。通过套期保值，A 公司有效地规避了现货销售价格大幅下跌的风险（见表 5-2）。

表 5-2　　　　　　　　　　工业硅生产企业卖出套保案例

时间	现货	期货	基差
1月3日	昆明交货421现货价19100元/吨	SI2308合约以17815元/吨的价位在期货市场卖出2000吨工业硅期货套期保值（建仓）	1285元/吨
5月26日	昆明交货421现货价14000元/吨（卖出现货2000吨）	SI2308合约以12690元/吨价格买入2000吨工业硅期货（平仓）	1310元/吨
结果	现货销售收入减少5100元/吨	SI2308合约平仓盈利5125元/吨	合约基差走强25元/吨
综合效果	通过卖出套保有效规避了销售价格下跌的风险，且获得5万元的额外收益		

（二）工业硅消费企业的套期保值策略

对于工业硅消费企业，如多晶硅或有机硅生产企业，企业经营模式以先采购后进行生产销售为主，其风险敞口主要来自工业硅采购价格上涨带来的风险。为防止工业硅价格上升造成成本增加，工业硅消费企业可选择买入套期保值来规避风险，即提前在期货市场买入与现货数量相等的期货合约，等到要购买原材料时再卖出期货头寸完成对冲。

案例 5-2

以 B 公司为例，6月14日昆明交货421现货价14000元/吨，期货SI2310合约价格12600元/吨。B 公司预期随着枯水季的临近，工业硅价格将上涨，因此选择在期货市场买入套期保值，套保数量为2000吨。到9月14日现货价格15900元/吨，SI2310合约9月14日结算价为14730元/吨（见表5-3）。

表 5-3		工业硅消费企业买入套保案例	
时间	现货	期货	基差
6月14日	昆明交货421现货价14000元/吨	SI2310合约以12600元/吨的价位在期货市场买入2000吨工业硅期货套期保值（建仓）	1400元/吨
9月14日	昆明交货421现货价15900元/吨（买入现货2000吨）	SI2310合约以14730元/吨价格卖出2000吨工业硅期货（平仓）	1170元/吨
结果	现货采购多支付1900元/吨	SI2310合约平仓盈利2130元/吨	合约基差走弱230元/吨
综合效果	通过买入套保有效规避原材料价格上涨的风险，且获得46万元的额外收益		

（三）工业硅贸易企业的套期保值策略

对于贸易企业而言，原材料采购环节和工业硅销售环节均面临较大的价格波动风险，因此在套期保值操作时，贸易企业需要结合上述两环节的风险敞口大小进行具体分析（见表5-4）。当企业签订了远期销售协议，而现货尚未采购或定价时，应采用买入套期保值策略；当企业签订现货采购协议，尚未确定销售价格，抑或是面临库存下跌风险时，则主要采用卖出套期保值策略。

表 5-4	工业硅产业链企业套期保值策略	
企业类型	风险情况	套期保值方向
工业硅冶炼企业	销售价格下跌风险	卖出套期保值
工业硅消费企业	原材料采购价格上涨风险	买入套期保值
工业硅贸易企业	现货采购后产品下跌风险	卖出套期保值
	远期销售后采购成本上涨风险	买入套期保值

六、如何理解基差对套期保值的影响?

在上述案例中,我们发现了期货价格与现货价格变动幅度并不完全一致的情况,这会导致期货和现货两个市场的盈亏不能完全冲抵,从而影响套期保值的效果。为此,我们引入"基差"的概念,来描述期货价格与现货价格的关系,进而分析其对套期保值效果的影响。

基差(Basis)是指某一特定的时间和地点某种商品或资产的现货价格与相同商品或资产的某一特定期货合约价格间的差值。用公式可以简单表示为:基差 = 现货价格 − 期货价格。

由于期货价格中应包含持仓费用(为拥有或保留某种商品而支付的仓储费、保险费和利息等费用的总和),期货价格高于现货价格或远月合约价格高于近月合约价格应为正常的市场结构,此时基差为负值,我们将这种市场状态称为正向市场。

但当出现以下两种情况时,市场结构将发生变化。一是近期市场对某种商品的需求非常迫切,远大于近期产量及库存量,现货价格上涨幅度较期货价格上涨幅度更大,或近月合约价格上涨幅度较远月合约价格上涨幅度更大;二是预计将来该商品的供给会大幅增加或需求大幅走弱,导致期货价格下跌幅度较现货价格下跌幅度更大,或远月合约价格下跌幅度较近月合约价格下跌幅度更大。这两种情况都将导致基差走强,甚至使基差由负值变为正值,出现反向市场状态。现货对期货溢价并非意味着持有商品没有持仓费用,只不过是在反向市场上,由于市场对现货及近期月份合约需求迫切,购买者愿意支付一定溢价来持有现货而已。因此,基差在一定程度上可以用来表示市场在不同时间点的供需平衡状态。

由于基差的存在,套期保值效果也会存在不确定性,通常会出现以下三种情况。

1. 基差不变

期货、现货价格波动的幅度完全一致,买入和卖出两种保值方式在两个市场的盈亏均完全相抵,因此套期保值者的风险得到完全规避。基差完全不变的情况极少出现。

2. 基差走强

基差值上升的情形,我们称为基差走强。基差走强意味着期货价格走势弱于现货价格,因此卖出套期保值在期货上的盈利值会高于现货亏损值,或是在期货上的亏损值低于现货盈利值,因此卖出套期保值者除了对冲风险之外,还存在净盈利。而买入套期保值则正好相反,会因基差走强而出现净亏损。例如,2023年11月初,工业硅现货价比期货SI2403合约价格低430元/吨(基差为-430元/吨),到2024年3月进入交割前的最后交易日时反倒比期货价格高480元/吨(基差为480元/吨),即在接近4个月的时间里,现货比期货多涨了910元/吨[480-(-430)],因此基差走强。如果是买入套期保值,则在保值期间期货相比现货少涨了910元/吨,即两市盈亏相抵后净亏损910元/吨。

3. 基差走弱

基差值下降的情形,我们称为基差走弱。基差走弱意味着期货价格走势强于现货价格,因此买入套期保值会使期货的盈利值超过现货的亏损值,或是期货的亏损值低于现货的盈利值,因此买入套期保值者除了对冲风险之外,还存在净盈利。而卖出套期保值正好相反,会因基差走弱出现净亏损。工业硅历史基差走势见图5-3。

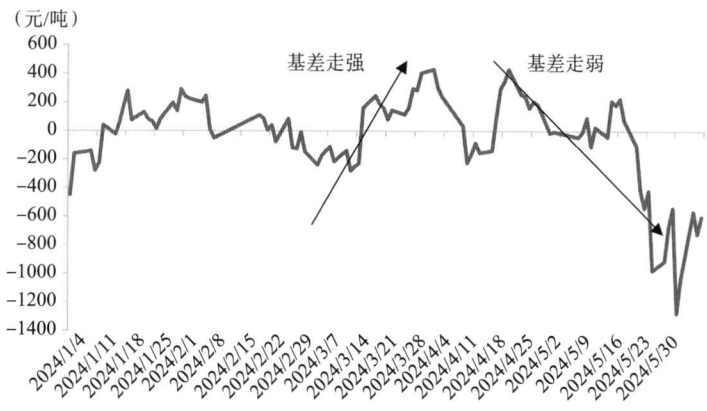

图5-3 工业硅历史基差走势

数据来源:Wind、上海有色网。

尽管套期保值效果会受到基差变动的影响，但套期保值者也可以利用基差的有利变动，在控制风险的基础上获得额外收益。例如，当工业硅期货价格低于现货价格时，套期保值者可以适时进行买入套期保值操作，随着合约逐渐到期，期现价差会逐渐收敛至0，呈现出基差走弱的趋势，这样，买入套期保值者就会额外获得基差收益。

进一步考虑，由于套期保值通常是平仓了结，因此在进行套期保值之前，企业还可以通过对市场供需关系变化、持仓费用等综合判断基差走势，在预判基差走强时卖出套期保值，在预判基差走弱时买入套期保值，以此获取基差收益。

此外，对于需要移仓的套期保值来说，基差分布排列将影响其套保效果。例如，反向市场中，卖出套期保值者在移仓换月后的卖出价格较此前持仓价格更低，并且由于期货和现货的趋合性特征，基差的变动会对企业套期保值带来不利影响。总体来看，在反向市场中，合约到期时间越长，价格越低，企业买入套期保值会产生移仓收益，而卖出套期保值会产生移仓损失；在正向市场中，合约到期时间越长，价格越高，企业买入套期保值会产生移仓损失，而卖出套期保值会产生移仓收益。

> **小贴士**
>
> ### 移仓
>
> 移仓又称迁仓，是指将现有头寸向前或向后迁移的交易，具体操作方式是将现有头寸平仓的同时在近期或远期重新建立方向相同、数量相等的头寸。一般来说，将近期持仓移向远期更为常见。移仓的发生主要源于以下三种情况。
>
> （1）现货市场上采购或交货时间延期。对于买入套期保值者而言，如果现货市场上采购期延迟，根据套期保值月份相同或相近的原则，需要延迟套期保值期限来对冲现货市场风险，这种情况下需要移仓。对于卖出套期保值者而言，若产品销售延迟，也需要延长套期保值期限来对冲现货市场风险。
>
> （2）套保期限超过1年。工业硅期货合约为连续的12个月合约，因

此,若企业套保期限超过一年,期货市场上没有对应的合约相匹配,则可以在相近合约上建仓,然后根据后续合约的挂牌以及流动性变化等情况,择机向远月合约移仓。

(3)流动性及基差问题。虽然套保对应的月份在一年之内,有对应的期货合约,但因流动性不足或者基差极为不利,企业可能会先选择近期主力合约操作,随着时间流逝,就会面临到期移仓问题。

 七、企业套期保值方案如何制订?

(一)明确套保需求

综合考虑企业性质、生产加工进度等因素,分析企业面临的风险敞口,明确企业套保需求以及参与套保的必要性。

分析风险敞口大小及方向是企业参与套期保值的第一步。企业主要从原材料采购是否存在价格上涨风险、产成品库存是否有销售价格下跌压力等方面进行分析。针对不同的风险敞口,采取不同套期保值策略。企业还需要通过分析未来一段时间的市场走势,综合行业整体情况来评估自身利润,结合企业的生产、库存和销售周期以及企业的可配置资金等情况,来确定企业参与套期保值的必要性。

例如,对工业硅生产企业来说,企业可以仔细分析自身原材料库存、产成品库存和产品销售计划,确定风险敞口数量,进而确定套保需求。

(二)确定最优保值比例

通过对行情的研判,可以根据不同的市场发展趋势(牛市、熊市或平衡市)来确定风险敞口,进而确认买入或卖出的套保比例。

在牛市中,工业硅消费企业的采购端买入套保时,不仅要对目前需要的工业硅原料进行套保,还要通过对今后计划使用量进行虚拟库存囤积来降低成本;而工业硅生产企业卖出套保则应相应减少套保比例,使企业可以获得更多因行情上涨带来的收益,即在市场景气度高时,多积累利润。

在熊市中,工业硅消费企业买入套保需要更为谨慎,尽量以按需采购现货为主,减少买入套保比例;而工业硅生产企业则可以提高套保比例,提前锁定未来卖出价格,同时锁定库存及未来生产产品的利润。

(三) 确定套保时机与保值合约

在实际套期保值操作中,还需要注意合约的选择。企业应选择主力合约或次主力合约进行交易。如果主力合约临近到期时,企业风险敞口仍然存在,再在期货市场上进行移仓换月操作。这样可以避免不活跃合约的流动性风险。

企业根据风险敞口确定套期保值头寸的大小后,可以通过一次性建仓或分批建仓的方式进行交易。分批建仓主要适用于交易量较大的情形,因为大量的集中交易可能对市场造成冲击,从而给企业套期保值效果带来不利影响。

(四) 方案执行与后续应对方案

企业按照对行情的预判进行套期保值操作,开仓后行情不一定与预期一致,此时应进行多情况下的行情推演,做好数据追踪,并制定好不同情况下的应对方案。

例如,当基差出现异常变化时,会在很大程度上影响套期保值的效果,这也是套期保值最大的风险因素,因此,企业应对导致基差出现波动的因素进行合理化分析,根据套期保值的规模和实际情况来设计后续计划方案。同时,企业也可以在适当的时候采取止损措施。

此外,企业还需要关注保证金的变化,保证账户风险度处于合理水平,防止市场大幅波动以及调拨资金不及时带来的强行平仓风险。

八、工业硅期货还能帮助企业解决哪些问题?

(一)调节库存

工业硅生产企业和消费企业都会面临工业硅价格波动的风险。对生产企业来说,若成品库存多,可能导致大量的资金占用,企业面临库存商品贬值的风险;如果过度降低库存,又可能出现无法满足下游需求的情况。对于消费企业来说,工业硅原材料库存同样会造成资金占用,但若是备货不足,供应端出现紧张,工业硅价格突然上涨,又可能出现市场一货难求的情况。

合理的现货库存容量有助于企业降低运营成本、加速资金周转,在此基础上,企业还可以利用期货市场的虚拟库存功能进行库存管理,以达到降本增效的目的。虚拟库存就是企业将一定量的库存转移至期货市场,通过在期货市场上买入或卖出一定数量的远期合约代替部分现货市场头寸。由于期货市场的流动性比现货市场更强,虚拟库存的建立和取消较为容易和方便,这有助于企业灵活调整库存。例如,若是阶段性备货导致工业硅现货库存增加,企业可以在期货市场卖出开仓或买入平仓同等数量的多头头寸,使企业的期货与现货头寸之和保持不变。

(二)点价交易

点价交易(Pricing),是指以某月份的期货价格为计价基础,以期货价格加上或减去双方协商同意的升贴水来确定双方买卖现货商品价格的定价方式。由于期货市场公平、公正、公开的特性,期货价格的公允性极强,采用期货价格作为定价方式可以有效减少企业在现货交易过程中的磋商成本,提高交易效率。

（三）拓宽采购销售渠道

期货市场可以帮助企业拓展现货采购和销售渠道，期货的交割环节即为这一渠道的载体。若企业面临销售不畅或采购困难的情形，可以通过期货交割的方式进行商品的销售或采购。

（四）合理规划生产

企业可以利用期货价格发现的功能，组织安排现货生产。由于期货价格反映的是市场对未来的预期，当期货价格有利时，企业可以规划提高开工率，价格不利时可以安排减产，降低开工率。

九、如何理解套期保值中的止损？

套期保值作为企业规避商品价格波动风险的管理活动，因在期货市场与现货市场持有的头寸正好相反，一般情况下不会出现需要止损的情况。但是，在市场发生极端情形时，企业也需要考虑采取止损措施。

一是基差波动过大，超出了正常历史基差的波动范围，并有进一步扩大的趋势时，期货市场与现货市场的风险对冲效果难以得到保障，企业可以考虑止损。企业可通过历史数据搭建相应的分位数或频率分布等模型，确定能够接受的合理基差波动范围，一旦超出模型所推导出的波动范围，便认定为异常情形，从而进行止损操作。

二是出现期货市场行情波动对于企业过于不利的情形时，企业可以考虑止损。期货市场的每日无负债制度要求企业按时补充保证金，企业可能面临流动性风险。企业可以根据自身现金流情况，确定能够接受的最大期货市场亏损额，一旦达到止损线，便及时止损。

十、套期保值可能存在哪些风险？

（一）基差风险

基差是现货价格与期货价格之差，理论上，现货价格与期货价格的波动具有一致性，随着交割期限临近，期现价格将趋同，但在实际中期现价格可能出现偏差，影响套保效果。

（二）强行平仓风险

期货采用保证金交易、每日无负债结算制度，因此需要账户保证金时刻充足，期货价格剧烈波动或行情出现一段时间回调的情况下，一旦保证金不足又未及时补足，交易所会强平部分甚至全部合约。

（三）流动性风险

在套保的过程中，会遇到部分月份期货合约活跃度不高的问题，若需要在这些月份的合约上建仓或平仓，则可能因没有足够的交易量而面临流动性风险。

另外，在买入建仓或平仓时盘面涨停，在卖出建仓或平仓时盘面跌停，同样也可能出现无法成交的情况，即出现流动性风险。

（四）信用风险

主要由套保交易完成后，交易对手无法履约导致。企业作为期货市场的买方买入套保时，按照现货交割方式履约，在合约到期交割时将接受对应仓位的货物，不过交易对手可能因基础资产价格变动或其他原因造成较大损失而无力履约。但作为市场上的买方，期货交易对手主要为交易所，无法履约交割可能性偏低。

（五）操作风险

由于内部流程、人员、技术不完善等原因，可能出现企业制定的套保方案及制度并不完善、并未严格执行套保计划而导致风险。管理操作风险的关键是人的管理，重点在于权限的管理和权限的监督。因此加强企业内部治理、实现管理者与所有者两权分离、加强内部监督审计等对企业降低操作风险至关重要。

十一、如何进行套期保值的会计处理？

从财务上来看，套期保值的过程既可以将现货市场和期货市场分开独立核算，又可以将两者结合起来。因此，套期保值的会计处理并非固定的方式，可以根据企业的需求做灵活选择。

若是将现货市场和期货市场的盈亏分开独立核算，则现货业务按照原有企业会计政策处理，而期货业务作为投资业务处理，适用《企业会计准则第 22 号——金融工具确认和计量》。期货业务与现货业务独立核算并不能反映套期保值对冲风险的业务实质，期货市场带来的盈亏将最终进入投资收益科目。

若是将现货市场和期货市场的盈亏合并进行核算，则适用《企业会计准则第 24 号——套期会计》。利用套期会计，企业可以将期货套期的有效部分与主营业务关联起来，从而稳定企业的成本利润，达到业财融合的效果。

根据《企业会计准则第 24 号——套期会计》中的定义，套期是指企业为管理外汇风险、利率风险等特定风险引起的风险敞口，指定金融工具为套期工具，以使套期工具的公允价值或现金流量变动，预期抵销被套期项目全部或部分公允价值和现金流量变动的风险管理活动。

套期会计方法分为三类，即公允价值套期、现金流量套期以及境外经营净投资套期。由于境外经营净投资套期与工业硅期货套期保值无关，这里不进行详细介绍，接下来我们着重了解公允价值套期与现金流量套期。

（一）公允价值套期

公允价值套期，指对已确认资产或负债、尚未确认的确定承诺，或上述项目组成部分的公允价值变动风险敞口进行的套期。该公允价值变动源于特定风险，且将影响企业的损益或其他综合收益。

案例 5-3

2023年1月1日，甲公司为规避所持有一批账面价值为100万元（公允价值为120万元）的工业硅存货公允价值变动风险，与某金融机构签订了一项工业硅期货合同，并将其指定为对2023年前两个月工业硅存货的商品价格变化引起的公允价值变动风险的套期工具。2023年2月28日，甲公司对期货合约进行了结算，并将工业硅存货出售。

会计处理：

（1）签订期货合同时，将工业硅存货的价值指定为被套期项目，故将库存商品工业硅转入被套期项目。

借：被套期项目——工业硅　　　　　　　　　1000000
　　贷：库存商品——工业硅　　　　　　　　　　1000000

被指定为套期工具的期货合约的初始公允价值为0，因此套期工具无须账务处理。

（2）假设2023年1月31日工业硅期货合同公允价值上涨了25000元，工业硅存货的公允价值下降了25000元。账面应分别确认套期工具和被套期项目公允价值的变化，对应体现在套期损益科目。

借：套期工具　　　　　　　　　　　　　　　25000
　　贷：套期损益　　　　　　　　　　　　　　25000
借：套期损益　　　　　　　　　　　　　　　25000
　　贷：被套期项目——工业硅　　　　　　　　25000

（3）假设2023年2月28日，工业硅期货合同公允价值又上升了15000元，工业硅存货的公允价值下降了15000元，当日工业硅存货公允价值为1160000元（1200000-25000-15000）。甲公司将期货合约进行了结算，平仓收到结算收益40000元，同时结束套期关系。

确认套期工具和被套期项目公允价值变动：

借：套期工具　　　　　　　　　　　　　15000
　　贷：套期损益　　　　　　　　　　　　15000
借：套期损益　　　　　　　　　　　　　15000
　　贷：被套期项目——工业硅　　　　　　15000

结转工业硅期货合约：

借：银行存款　　　　　　　　　　　　　40000
　　贷：套期工具　　　　　　　　　　　　40000

结转工业硅存货销售成本：

借：主营业务成本　　　　　　　　　　　960000
　　贷：被套期项目——工业硅　　　　　 960000

确认工业硅存货销售收入：

借：应收账款或银行存款　　　　　　　 1160000
　　贷：主营业务收入　　　　　　　　　1160000

（二）现金流量套期

现金流量套期是指对现金流量变动风险敞口进行的套期，该现金流量变动源于已确认资产或负债、极可能发生的预期交易，或与上述项目组成部分有关的特定风险，且将影响企业的损益。现金流量套期满足运用套期保值会计方法条件的套期工具利得或损失中属于有效套期的部分，应当直接确认为所有者权益，并单列项目反映。套期工具利得或损失中属于无效套期的部分（即扣除直接确认为所有者权益后的其他利得或损失），应当计入当期损益。

案例5-4

2023年1月1日，甲公司预期在2023年2月28日销售一批工业硅，预期售价为110万元。为规避该预期销售中与工业硅价格有关的现金流量变动风险，甲公司于2023年1月1日与某金融机构签订了一项工业硅期

第五章　企业如何利用工业硅期货进行套期保值　99

货合同,且将其指定为对该预期工业硅销售的套期工具,工业硅期货合同的结算日和预期工业硅销售日均为2023年2月28日。

会计处理：

(1) 2023年1月1日,签订工业硅期货合同时甲公司不作账务处理,但需编制指定文档。

(2) 2023年1月31日,假设工业硅期货合同公允价值上升了2.5万元,相应确认现金流量套期储备。

　　借：套期工具　　　　　　　　　　　　　　　25000
　　　　贷：其他综合收益——套期储备　　　　　　　25000

(3) 2023年2月28日,假设工业硅期货合同公允价值又上升了1.5万元,当日将预期销售的工业硅现货进行销售,销售收入106万元。

　　借：套期工具　　　　　　　　　　　　　　　15000
　　　　贷：其他综合收益——套期储备　　　　　　　15000

结算工业硅期货合约：

　　借：银行存款　　　　　　　　　　　　　　　40000
　　　　贷：套期工具　　　　　　　　　　　　　　　40000

确认工业硅的销售收入：

　　借：银行存款　　　　　　　　　　　　　　1060000
　　　　贷：主营业务收入　　　　　　　　　　　　1060000

最后将现金流量套期储备金额转出,调整主营业务收入：

　　借：其他综合收益——套期储备　　　　　　　40000
　　　　贷：主营业务收入　　　　　　　　　　　　　40000

 十二、如何评价工业硅套期保值的效果？

套期保值的效果评价是对套期工具最终抵消被套保项目的价值或现金流

量的变动情况进行考核。因此期货市场的盈利并不代表企业套保成功，期货市场的亏损也不能代表企业套保失败。我们可以将期货市场与现货市场产生的盈亏数额相除，即期货价格变动值/现货价格变动值，该数值越接近1，代表套期保值的效果越好。

不过，也有部分企业除了参与风险控制以外，还期望通过期货市场降低企业的采购成本或是增加销售收入。对于这一类型的企业，可参考市场平均值进行评价，若是采购成本低于市场平均或销售收入高于市场平均，则表明套期保值有效。但需提醒的是，在套期保值过程中，过分追求跑赢市场可能会增强企业的投机意图，给企业带来更多风险。因此，对于套期保值效果的评估应主要关注期现货市场盈亏抵消后的效果，而非单一市场的盈利情况。

自测题

一、不定项选择题

1. 套期保值交易应遵循（　　）原则。
   A. 交易方向相反　　　　　　B. 商品种类相同
   C. 商品数量相等　　　　　　D. 月份相同或相近

2. 在套期保值过程中企业面临（　　）风险。
   A. 基差风险　　　　　　　　B. 价格风险
   C. 信用风险　　　　　　　　D. 操作风险

3. 期货价格中包含的持仓费用主要有（　　）。
   A. 仓储费　　　　　　　　　B. 保险费
   C. 利息费　　　　　　　　　D. 交易费

4. 套期保值工作的实际运作包括（　　）等步骤。
   A. 制定套保策略　　　　　　B. 套保方案优化
   C. 套保跟踪及风控　　　　　D. 保值效果评估

5. 基差是影响工业硅产业链企业套保效果的重要因素，下面不是影响基差的因素有（　　）。

A. 仓储费 B. 资金利息
C. 工业硅价格 D. 增值税

6. 某工业硅贸易商采购了 1000 吨工业硅,由于终端采购需求疲弱,价格出现下跌,同时,该贸易商预计硅价将继续下跌,此时该贸易商应采取( )措施。

A. 减少现货销售,保持 1000 吨工业硅库存
B. 在期货市场上对 1000 吨工业硅进行买入套期保值
C. 根据对现货市场以及自身经营情况的判断,在期货市场上进行一定比例的卖出套期保值
D. 恐慌性抛售 1000 吨工业硅

7. 某一工业硅现货贸易商进行卖出套期保值,且工业硅价格出现下跌趋势,同时在建仓至平仓过程中,基差逐渐走强,则该卖出套期保值的效果是( )。

A. 综合期货和现货市场总体表现为盈利
B. 综合期货和现货市场总体表现为亏损
C. 综合期货和现货市场总体表现为盈亏持平
D. 综合期货和现货市场总体表现无法判断

8. 关于企业套期保值的操作说法有误的为( )。

A. 根据现货经营情况,可以进行实物交割来了结期货头寸
B. 根据现货经营情况,适时地进行平仓了结或实物交割
C. 不管现货经营情况,一直持有期货仓位直到获利
D. 根据市场趋势判断,确定入场时机

二、判断题

1. 企业可以利用期货市场规避生产经营中的一切风险。 ( )
2. 套期保值操作步骤是相互独立的。 ( )
3. 工业硅生产及消费企业套期保值策略相同。 ( )
4. 当企业进行卖出套保时,基差走弱企业套保效果更佳。 ( )
5. 某工业硅生产企业通过期货市场套保操作,在期货市场获得 80 万元的盈利,基本弥补了现货市场的 83 万元亏损,这个过程中增值税的征收也

会影响套保效果。（　）

6. 在正向市场情况下，若对后市看涨，则可将多头头寸建立在近期合约上。（　）

7. 套期保值之所以能有助于规避价格风险，达到套期保值的目的，是因为同种商品的期货价格走势与现货价格走势趋同，并且在临近交割时更加趋于一致。（　）

参考答案

一、不定项选择题

1. ABCD　　2. ACD　　3. ABC　　4. ABCD　　5. C　　6. C　　7. A
8. C

二、判断题

1. ×　　2. ×　　3. ×　　4. ×　　5. √　　6. ×　　7. √

第六章

如何利用工业硅期货进行套利

本章要点

> 本章从期货套利交易的定义出发,介绍工业硅期货套利的原理与特性,分析工业硅期货常用的套利模式,帮助市场参与者了解工业硅期货的套利交易,以期通过这些方法寻找到市场中合适的套利机会。

 一、什么是期货套利?

根据套利是否涉及现货市场,期货套利可分为价差套利和期现套利。

价差套利,是指利用相关市场或者相关期货合约之间的价差变化,在相关市场或者相关期货合约上进行交易方向相反的交易,以期在价差发生有利变化时获利的交易。

价差套利包括跨期套利、跨品种套利和跨市套利。跨期套利是指利用不同到期时间的期货合约价差变化进行套利。跨品种套利是指利用不同品种，但是相关联的产品之间的价差进行套利，比如豆粕和大豆的价格往往同涨同跌，但涨跌程度不一，则可能存在套利机会。跨市套利是指利用同一交易品种在不同市场的价格差异进行套利，比如利用期货铜在上海期货交易所和伦敦金属交易所的价差套利。由于工业硅期货与其他期货品种相关程度较低，并且工业硅期货仅在国内期货交易所上市，难以实施跨品种套利与跨市套利，因此本书在价差套利方面侧重于分析跨期套利。

期现套利，是指利用期货市场与现货市场之间的不合理价差，通过在两个市场上进行反向交易，待价差趋于合理时进行实物交割或对冲平仓而获利的交易。

套利交易是利用期货市场中有关价格失真的机会，并预测这种价格失真会最终消失，从中获取套利利润。因此，套利实质上是期货市场上的一种投机交易，只是与投机交易不同的是，套利赚取的是价差变化所带来的收益，而投机赚取的是价格趋势性变动的收益，由于价差的变动范围相对有限，因此套利交易较一般投机交易而言风险更低。

套利交易正是因为风险相对较低且相对可控的特性，备受机构投资者的青睐。从国外成熟的交易经验来看，套利交易被当作是大型基金获得稳定收益的关键。套利行为的存在极大丰富了市场的操作方式，并且还发挥了合理化市场价差、提高市场流动性以及抑制市场过度投机等作用，可以有效降低市场风险，促进交易的流畅化和价格的理性化，是期货市场不可或缺的重要组成部分。

二、期货套利交易有什么原理与特点？

（一）套利交易的原理

期货套利主要利用期货市场出现价差不合理的契机进行交易，而合理的价差主要通过计算交割成本进行估算。

通过计算期货与现货或者不同期货合约之间的持仓或交割成本，可以计算出合理的价差范围，当价差偏离合理区间时可采取相应的套利操作，当价差回归合理区间时则平仓获利。例如，工业硅现货交割成本为 14500 元/吨，同时工业硅期货价格为 15000 元/吨，那么就可以采取买入工业硅现货、同时卖出同等数量期货的套利操作，最后通过交割就可以稳定获取 500 元/吨的套利收益。

此外，期货与现货或不同期货合约之间的价差通常在一定范围内波动，因此还可以统计历史价差数据，通过统计学的方法确定不同价差分布的概率，利用价差均值回归的原理进行套利交易。这种套利方法通常称为统计套利。不过，统计套利的方法可能会在市场剧烈变化时失效，价差出现极值时可能给套利交易带来损失，亏损风险也就更大一些。由于本书侧重于工业硅品种，因此主要采用持仓与交割成本的计算来分析工业硅期货的套利机会。

（二）套利交易的特点

与普通的投机交易相比，套利交易具备以下特点。

一是风险较低。由于期货合约之间价差的变化远小于绝对价格水平的变化，交易价差所面临的市场波动风险更小，特别是可以规避市场突发事件给期货价格带来冲击的风险，套利交易风险相对可控。

二是预期收益较稳定。期货套利交易通常是寻找不合理的价差进行获利，而市场大多数情况都会回归理性，因此套利交易可以获得相对稳定的预期收益。

三是适用于不同市场环境。期货套利交易通常是基于市场中性的思路进行操作，不受市场整体走势的影响，适用于不同的市场环境。

三、工业硅期货套利交易对市场有什么影响？

期货套利的存在对期货市场的健康稳定运行起到了重要作用，主要表现在以下两个方面。

第一,期货套利有助于期现货之间以及不同期货合约价格之间形成合理价差关系,有助于期货价格发现功能的实现。套利交易的获利来源于对不合理价差的发现和利用,由于套利交易者最关注价差变化,当发现不正常的价格关系时,会积极入市套利获取利润。价差越大,套利的积极性越高,套利的参与者也越多,就会促使期现货之间以及不同期货合约之间形成合理价差。

第二,期货套利行为有助于提高市场流动性。套利交易客观上能扩大期货市场成交量,提高期货交易的活跃程度,有助于其他市场参与者的交易需求快速得到响应,有效降低市场流动性风险,一定程度上起到市场润滑剂和减震器的作用。

四、如何挖掘工业硅期现套利机会?

价差存在波动中枢,即持有成本,投资者可考虑通过持有期现货的成本来测算价差波动的合理区间,一旦价差脱离该区间,高于理论成本的部分则存在获利空间。通过将期现价差与持有成本相比较,可将期现套利分为正向套利和反向套利两类。

正向套利:当期货盘面价格远高于现货价格时,期货价格减去现货价格的价差高于持仓及交易成本,则期货盘面存在正向套利机会。此时的期现套利操作为买入工业硅现货,并在期货盘面卖出,等待期现价差收敛进行平仓或完成交割即可获利,预期收益为期货价格 - 现货价格 - 持有成本。持有成本包括持有现货资金成本、期货资金成本、注册仓单费用、增值税等。

反向套利:若期货盘面价格远低于现货价格,现货价格减去期货价格的价差高于持仓成本,则期货盘面存在反向套利机会。此时的期现套利操作为买入工业硅期货,卖出工业硅现货,等待期现价差收敛或完成交割即可获利。预期收益为现货价格 - 期货价格 - 持有成本,持有成本包括期货持仓成本及买入交割的成本。

然而，由于现货市场缺乏做空机制，从而限制了现货市场卖出操作空间，市场上较为常见的期现套利操作为正向套利。

期现套利成本需要考虑交易手续费、仓储费、入库费、检验费、出库费、交割手续费、资金成本等费用。具体收费项目详见表6-1。

表6-1 工业硅交割成本费用项目汇总

序号	工业硅交割成本项目	成本费用标准
1	期货交易手续费	1.4元/吨
2	仓储费	1元/吨·天×20=20元/吨
3	交割费	1元/吨
4	入库费	汽运：20元/吨 铁路：25元/吨
5	配合检验费	20元/吨（按实际检验数量计）
6	质检费	3200元/批（每批最多60吨）
7	现货资金成本与期货资金成本	根据企业资金使用成本确定
8	出库费	汽运：20元/吨 铁路：25元/吨
9	增值税	13%

资料来源：广州期货交易所（若内容有更新，请以交易所官网为准：www.gfex.com.cn）。

案例6-1

2024年5月24日，广州期货交易所SI2406合约价格一度涨至12800元/吨，昆明产区的Si4210牌号工业硅现货价格为13850元/吨，而此时期货盘面对应的最便宜交割品为昆明的Si4210牌号工业硅。考虑到昆明Si4210牌号工业硅参与交割的品质升贴水+2000元/吨，且有昆明地区升贴水-550元/吨，通过现货价格折算等价的期货价格为12400元/吨，因此基差为-400元/吨。通过测算，企业认为当前期现价差不合理，存在正向套利机会，于是在期货盘面卖出SI2406合约，同时买入昆明Si4210

牌号工业硅现货，随后持有至到期并进行交割。6月13日，SI2406合约进入交割环节，交割结算价为11925元/吨，此时昆明Si4210牌号现货价格仍然为13850元/吨，基差变为475元/吨。按照企业借贷年化利率5%的标准计算，期间成本费用为117.39元/吨，因此通过到期交割进行正向套利的利润为（12800+2000-550-13850）-117.39=282.61元/吨。期间成本费用的具体测算标准及结果见表6-2。

表6-2　　　　　工业硅期现正向套利理论持有成本计算

项目	标准	金额（元/吨）
1. 交易手续费	成交金额的万分之一	1.28
2. 交割手续费	1元/吨	1.00
3. 仓储费	1元/吨·天	22.00
4. 入库费	汽运：20元/吨；铁路：25元/吨	20.00
5. 配合检验费	20（抽检率25%）	5.00
6. 质检费	3200元/批（每批次最多60吨）	53.30
7. 出库费	汽运：20元/吨；铁路：25元/吨	20.00
8. 期货资金成本	期货价格×保证金（20%）×借贷年化利率×持仓天数/365	7.72
9. 现货资金成本	现货价格×借贷年化利率×持仓天数/365	41.74
10. 增值税	（交割结算价-现货买入价）×13%/(13%+100%)	-54.65
理论持有成本	—	117.39

在实际操作中，期现套利并非一定需要通过交割来了结套利交易，只要价差变化对套利交易有利，即可通过将期货头寸和现货头寸分别了结的方式来结束期现套利操作。案例6-1中，套利者可以在SI2406合约最后交易日6月12日平仓期货空头，同时将现货出售，由于现货买入卖出价格不变，期货端的盈亏12800-11925=875元/吨，即为套利操作所带来的总收益，这显著高于到期交割所带来的利润。

五、如何挖掘工业硅跨期套利机会?

工业硅期货跨期套利主要利用不同月份合约的价差变动来获利,一旦合约价差超过合理值,即存在套利机会。合约价差的形成主要源于未来供需关系及持仓成本等因素。跨期套利策略可细分为牛市套利、熊市套利及蝶式套利。

在市场出现供给不足、需求旺盛或远期供应相对充足的情形,导致近月合约价格上涨幅度大于远月合约价格上涨幅度,或者近月合约的价格下跌幅度小于远月合约价格下跌幅度时,买入近月合约的同时卖出远月合约进行套利,将获得正收益。我们将这种先买后卖、符合一般贸易逻辑的套利方式称作牛市套利(见图6-1),也常称为跨期正套。

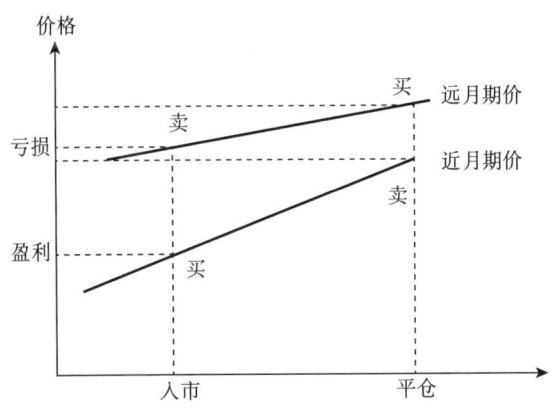

图6-1 牛市套利

当市场出现供给过剩、需求不足时,一般来说,近月合约价格下降幅度大于远月合约价格下降幅度,或者近月合约价格上涨幅度小于远月合约价格上涨幅度,这种情况下,卖出近月合约的同时买入远月合约进行套利,盈利的可能性较大,我们称这种套利为熊市套利(见图6-2),也常称为跨期反套。

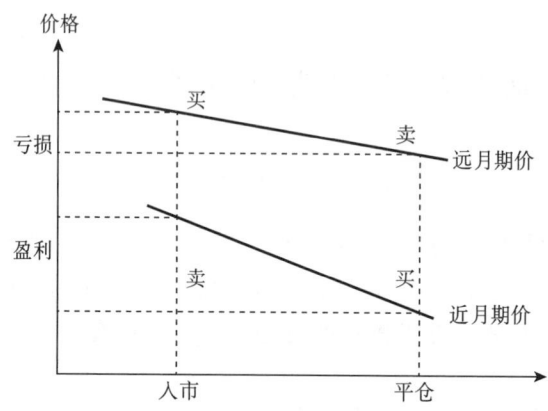

图 6-2 熊市套利

此外，由共享居中交割月份的一个牛市套利和一个熊市套利组合而成的套利方式被称为蝶式套利。由于较近月份和较远月份的期货合约分别处于居中月份的两侧，形同蝴蝶的两个翅膀，故称之为蝶式套利。

蝶式套利有两种组合方式。一是买入近月合约，同时卖出居中月份合约，并买入远月合约。即近月与居中月份合约作牛市套利，居中月份与远月合约作熊市套利。二是卖出近月合约，同时买入居中月份合约，并卖出远月合约。即近月与居中月份合约作熊市套利，居中月份与远月合约作牛市套利。两种组合中，居中月份合约的头寸数量等于近月及远月合约头寸数量之和。

案例 6-2

4月8日，工业硅期货6月、8月、10月合约价格分别为12240元/吨、12375元/吨和12465元/吨，某交易者认为6月合约和8月合约之间的价差过大，而8月合约和10月合约之间的价差过小，预计6月合约和8月合约的价差会缩小，而8月合约和10月合约的价差会扩大，于是该交易者以当日价格同时买入150手（1手为5吨）6月工业硅期货合约，卖出350手8月工业硅期货合约，买入200手10月工业硅期货合约。

4月18日，3个合约的价格均出现不同幅度的下跌，6月、8月、10月的合约价格分别跌至12000元/吨、12100元/吨、12200元/吨，该交易者同时将三个合约平仓。整体套利净盈利36250元，具体计算见表6-3。

表6-3　　　　　　　　蝶式套利策略示例

	6月工业硅期货合约	8月工业硅期货合约	10月工业硅期货合约
4月8日	12240元/吨买入150手	12375元/吨卖出350手	12465元/吨买入200手
4月18日	12000元/吨卖出150手	12100元/吨买入350手	12200元/吨卖出200手
结果	亏损240元/吨 总亏损为240×150×5＝180000元	盈利275元/吨 总盈利为275×350×5＝481250元	亏损265元/吨 总亏损为265×200×5＝265000元
净盈亏	净盈利＝－180000＋481250－265000＝36250元		

六、利用工业硅期货进行套利存在什么风险？

（一）市场风险

除了期现套利之外，其余套利方式均是通过价差的变动获利，但价差并不一定按照预期的方向进行变动，在价差与预期反向波动时，套利交易可能出现亏损。

（二）交易风险

套利交易通常需要进行多腿交易，存在各部分交易不能同时完成的风险。一旦套利组合中部分交易未及时成交，可能面临单向的价格风险敞口。对于跨期套利，我们可以利用套利指令在很大程度上规避此风险，但若涉期现套利,这一风险就不容忽视。并且由于期现套利还会涉及现货业务,可能发生现货交易对手违约、无法完成履约的情况,存在期现套利无法顺利了结的风险。

(三) 资金风险

在出现极端不利行情时,可能出现保证金不足的情况,从而导致被强行平仓。这种情况多出现在期现套利之中,在期货价格大幅波动时,期货头寸的维持可能需要大量补充保证金,若资金准备不足,则可能导致套利交易失败,甚至产生较大幅度亏损。

(四) 政策风险

政策风险是指由于法律法规及监管要求的变化导致的风险。套利交易者需要遵循相关的法律法规和监管要求,如果法律和监管环境发生变化,可能会影响套利交易的可行性和收益。例如,当国家修订税收相关法律法规时,不同期货合约对应的税率可能发生变化,从而影响合约间价差,给套利结果带来变化。

自 测 题

一、单项选择题

1. 价差套利不包括(　　)。
   A. 跨期套利　　　　　　　B. 期现套利
   C. 跨品种套利　　　　　　D. 跨市套利

2. 期现套利利用(　　)之间的不合理价差进行套利。
   A. 期货市场不同合约　　　B. 期货市场不同品种
   C. 期货市场与现货市场　　D. 不同期货市场

3. 套利交易不具备(　　)的特点。
   A. 风险较低　　　　　　　B. 收益率高

C. 适用于不同的市场环境　　　　D. 预期收益较稳定

4. 某套利者以 12500 元/吨的价格买入工业硅 5 月合约，同时以 12300 元/吨的价格卖出工业硅 8 月合约。持有一段时间后，该套利者以 13000 元/吨的价格将 5 月合约卖出平仓，同时以 12700 元/吨的价格将 8 月合约买入平仓。该跨期套利交易盈亏为（　　）元/吨。

A. 100　　　　　　　　　　B. 200

C. -100　　　　　　　　　 D. -200

二、判断题

1. 跨市套利是指利用不同到期时间的期货合约价差变化进行套利的行为。（　　）

2. 期货套利有助于期货价格发现功能的实现。（　　）

3. 由于现货市场缺乏做空机制，市场上较为常见的期现套利操作为反向套利。（　　）

4. 利用工业硅期货进行套利不存在风险。（　　）

参考答案

一、单项选择题

1. B　　2. C　　3. B　　4. A

二、判断题

1. ×　　2. √　　3. ×　　4. ×

第七章

工业硅期权合约

> **本章要点**
>
> 本章主要从期权合约的定义出发,阐述了参与期权合约交易各方的权利及义务、行权及结算方式等内容,并具体分析了工业硅期权价格的影响因素。本章还通过介绍交易所对工业硅期权的风险控制措施,分析了参与工业硅期权交易的风险。

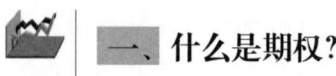

一、什么是期权?

2023年,工业硅期货价格从年初的17000元/吨跌至6月的13000元/吨,投资者手中的买入仓位资金严重缩水,如果早些将手中的仓位平掉便不会出现如此大的损失。假如此前购买了工业硅期货看跌期权,就能够获得"回到过去"的权利。如果投资者在 2023 年 1 月购买了 2023 年 7 月到期、行权价格为 17200 元/吨的工业硅看跌期权,那么在期权到期时,投资者完全不用担心期货多头持仓带来的亏损,因为投资者有权将期货以 17200 元/吨的价格卖出。这个案例中,投资者买入的是一份卖权,即在未来某一约定的时间以约定价格出售某一资产的权利。如果投资者买入的是一份买权,则是在未来某一约定的时间以约定价格买入某一资产的权利。当然,如果 2023 年 7 月,工业硅期货价格不是 13000 元/吨,而是 18000 元/吨,投资者等待买入的看跌期权过期即可,无须行使这项权利。从另外一个角度,还可以将期权理解为一种保险。买入一份期权,类似于买入一份保险。

(一)期权的定义及相关术语

期权(Option)是指能在未来某特定日期或之前以特定价格买入或卖出某种特定基础资产的权利。期权的英文单词"option"在字典里的解释是选择权、获准进行选择。从汉字的字面含义来理解,"期"表示未来,"权"表示权利,合起来就是"未来的权利"。这一译法很好地突出了期权的特点,简单来说,期权交易是未来权利的买卖。交易中,期权的买方支付权利金后便取得在未来某特定日期或之前以特定价格买入或卖出某种特定基础资产的权利。

在上述定义中有许多限定词,包括基础资产、特定价格、特定日期或之前、买入或卖出、权利金。

1. 基础资产

基础资产(Underlying)也叫标的资产,期权的名称通常与基础资产的名称对应,比如基础资产是商品,对应的期权称为商品期权;基础资产是金融产品,则对应的期权称为金融期权。因此,工业硅期权(工业硅期货期权的简称)就是工业硅期货合约的期权,买卖双方行权(履约)后获得的是广州期货交易所工业硅期货合约,而不是工业硅现货本身。

2. 特定价格

特定价格(Exercise Price)即行权价格、履约价格、敲定价格,是期权卖方行使权利时,买卖双方交割标的物所依据的价格。场外期权的执行价格由交易者协商决定,场内期权的执行价格由交易所给出。

3. 特定日期

期权到期日（Expiration Date）是指期权合约所规定的、期权购买者可以实际执行该期权的最后日期。对欧式期权（European Option）而言，到期日和期权合约行权日是同一天；对美式期权（American Option）而言，到期日及其之前均可行权。根据广州期货交易所规定，工业硅期货期权为美式期权，因此期权合约到期日及之前工业硅期权均可以行权。

4. 买入或卖出

期权可以按到期"买入"还是"卖出"基础资产划分为两种类型。如果是到期日及其之前以执行价格"买入"基础资产的权利，则这种期权称为"买权"或"看涨期权"，对应英文名称"Call Option"。如果是到期日及其之前以执行价格"卖出"基础资产的权利，则这种期权称为"卖权"或"看跌期权"，对应英文名称"Put Option"。

期权中的"看涨"或"看跌"都是站在买方的立场来命名的。看涨期权是买方有权在交割时按执行价格买入基础资产的权利，在未来到期时，只有当基础资产价格上涨且高于执行价格时，买方选择行权才有利可图。对应的，对卖出看涨期权者而言，基础资产价格上涨且高于执行价格是不利的。

5. 权利金

买卖期权合约的价格，买方想要获得权利必须向卖方支付一定的费用，即权利金（Premium）。期权的权利金由内在价值和时间价值组成。

内在价值是立即履行期权合约时可获取的收益，是权利金中的实值部分，是看涨期权行权价格低于标的物价格的差额，或看跌期权行权价格高于标的物价格的差额。

时间价值是指权利金扣除内在价值的剩余部分，它是期权有效期内标的物市场价格波动为期权持有者带来收益的可能性所隐含的价值。

延伸阅读

期权的起源与发展

期权交易最早记载是《圣经·创世纪》中关于合同制的协议。大约在公元前1700年，雅各为和舅舅拉班的女儿拉结结婚，通过签订为拉班工作七年的协议，获得与拉结结婚的许可。在这里，雅各 7 年劳作的报酬就是"权利金"，以此换来结婚的"权利"，而非义务。

关于期权的历史发展，不得不提到"郁金香期权"。早在 17 世纪 30 年代末期，荷兰的批发商就已经懂得利用期权管理郁金香交易的风险了。在当时，郁金香是身份的象征，受荷兰贵族的追捧，因此批发商们普遍出售远期交割的郁金香。但是从种植者处收购郁金香的价格无法事先确定，批发商需要承担较大的风险，因此郁金香期权应运而生。批发商通过向种植者购买认购期权的方式，在合约签订时锁定未来郁金香的最高进货价格。收购季到来时，如果郁金香的市场价格比合约规定的价格还低，那么批发商可以放弃期权，选择以更低的市场价购买郁金香而仅损失权利金（购买期权支付的费用）；如果郁金香的市场价格高于合约规定的价格，那么批发商有权按照约定的价格，从种植者处购买郁金香，控制了买入的最高价格。这就是最早的商品期权。

到了 18 世纪，期权被引入金融市场。早期主要是以现货市场的股票作为交易对象的股票期权交易，较为分散。1973 年，全球第一个规范化的股票期权交易场所——芝加哥期权交易所经美国证券交易委员会（SEC）批准成立，同时推出了标准化的股票期权合约（认购期权）。

（二）期权交易中的买方与卖方

期权交易由买卖双方组成，买方买入（Buy）期权，通常称为多头（Long），卖方卖出（Sell）期权，通常称为空头（Short）。

对于期权买方而言，付给卖方权利金、买入期权后，买方即拥有未来买卖基础资产的权利，但不负有必须买卖这些基础资产的义务。换言之，期权的买方具有选择权。

期权的卖方正好相反，如果买方在未来要求执行，卖方必须接受。换言之，期权的卖方只有接受的义务，没有拒绝的权利。

买入看涨期权者，拥有到期买入基础资产的权利。卖出看涨期权者，若买方到期行权，则其必须按行权价卖出相应的基础资产。

买入看跌期权者，拥有到期卖出基础资产的权利。卖出看跌期权者，若买方到期行权，则其必须按行权价买入相应的基础资产。因此，买入看跌期权者是基础资产的卖方，卖出看跌期权是基础资产的买方。

（三）期权的实值、虚值与平值

根据基础资产的市场价与期权行权价的大小关系，期权可划分为实值期权、虚值期权、平值期权（见图7-1、表7-1）。

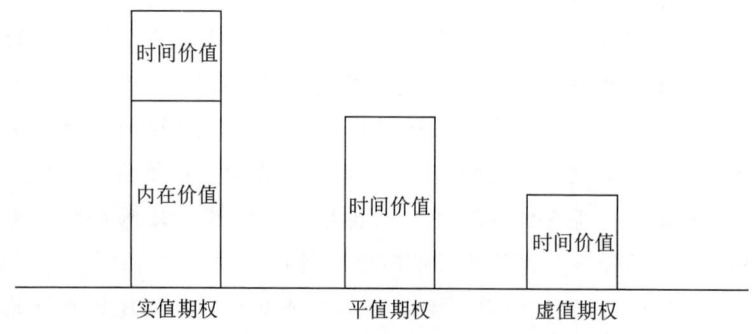

图7-1 期权权利金构成

表7-1　　　　　　实值期权、虚值期权与平值期权

项目	看涨期权	看跌期权
实值期权	期权行权价 < 基础资产价格	期权行权价 > 基础资产价格
虚值期权	期权行权价 > 基础资产价格	期权行权价 < 基础资产价格
平值期权	期权行权价 = 基础资产价格	

1. 实值期权（In - the - Money）

当看涨期权的行权价格低于基础资产的市场价格时，对期权的买方有利，这种期权被称为实值期权（或价内期权）。如果看涨期权的行权价格远远低于基础资产的市场价，则该实值期权可称为深度实值期权（Deep - In - the - Money）。

当看跌期权的行权价格高于基础资产的市场价格时，对期权的卖方有利,这种期权也是实值期权。对应地,如果看跌期权的行权价格远远高于基础资产的市场价格,则该实值期权可称为深度实值期权。

2. 虚值期权(Out – of – the – Money)

当看涨期权的行权价格高于基础资产的市场价格时,不利于期权买方行权,这种期权被称为虚值期权(或价外期权)。如果看涨期权的行权价格远远高于基础资产的市场价格,则该虚值期权可称为深度虚值期权。

当看跌期权的行权价格低于基础资产的市场价格时,也不利于期权买方行权,这种期权同样被称为虚值期权。如果看跌期权的行权价格远远低于基础资产的市场价格,则该虚值期权也可称为深度虚值期权。

3. 平值期权(At – the – Money)

无论看涨期权还是看跌期权,当行权价格等于基础资产市场价格时,这种期权被称为平值期权。

(四)期权的交易市场

从期权的发展历史中可以发现,期权最初都在私下交易,由交易双方约定权利义务,具有个性化的特征,但同时面临较大的违约风险。随着期权市场的发展和交易规模的不断扩大,人们迫切需要金融和法律体系来保障期权的行权履约,于是这些期权品种被设计成标准化的金融产品,在交易所挂牌交易,这就是"场内期权"的由来。

在交易所之外,交易者之间互相签订的期权合约被称为"场外(Over – the – Counter, OTC)期权",也叫柜台交易期权或店头交易期权。它是根据双方洽谈,按照双方需求自行制定交易条款的期权合约。场外期权交易中的交易商通常兼具自营商和代理商的双重身份。作为自营商,可以直接与客户进行交易;作为代理商,可以以客户代理人的身份向其他柜台交易商买入或卖出。场外期权的交易品种和结构远比场内期权丰富,能够满足市场参与者的个性化需求,对期权的条款进行定制,因此场外期权交易十分活跃。

> **延伸阅读**
>
> **全球期权市场的发展趋势**
>
> 场外期权的发展比场内期权更为迅速。无论是从成交量还是从品种与模式的多元化来看，市场对场外期权的需求与认可都与日俱增。近年来，我国场外市场发展出"保险＋期货""农民收入保障计划"等服务实体企业的"场外期权"及相关创新举措，拓展了期权的应用范围。场内场外期权市场协同发展，共同推进了金融衍生品市场的快速发展。
>
> 国际期货业协会（FIA）公布的数据显示，2023年全球89家交易所场内期货和期权交易量同比增长64%至1372.93亿手，创历史新高，其中期权成交总量为1082亿手，较2022年同比增长98%。2023年末，全球期货和期权的总持仓达到了创纪录的12.53亿手，较2022年底10.86亿手的历史峰值增长了15.4%，其中期权持仓大增17.8%至9.55亿手。国内方面，根据中国期货业协会（CFA）发布的报告显示，我国境内期权市场也呈现快速发展势头，在全球期权市场的占比出现了明显的提升，特别是商品期权，在全球商品期权中的占比已经从2022年的51.1%提升至2023年的62.1%。

二、影响工业硅期权价格的因素有哪些？

期权价格会受到基础资产价格、行权价格、波动率、利率、到期剩余时间等因素的影响。

（一）基础资产价格

交易者进行工业硅期权交易时，首先要考虑工业硅期货价格。在其他变量不变的情况下，对于看涨期权，工业硅期货价格与工业硅期权价格（权利金）呈正相关，工业硅期货价格越高，工业硅看涨期权价格越高；对于看跌期权，工业硅期货价格与工业硅期权价格（权利金）呈负相关，工业硅期货价格越高，工业硅看跌期权价格越低。

（二）行权价格

不同行权价格的期权，权利金不同。对于看涨期权，行权价格越高，买方盈利的可能性越小，因此与权利金呈反向关系；对于看跌期权，行权价格越高，买方盈利的可能性越大，因此与权利金呈正向关系。也就是说，在其他条件不变的情况下，看涨期权行权价格越低，期权价格越高；看跌期权行权价格越高，期权价格越高。

（三）波动率

价格波动率是期权定价模型中最重要的变量，指工业硅期货价格的波动程度，波动率越高，期权到期时工业硅期货价格涨至行权价格之上或跌至行权价格之下的可能性越大，即期权向实值方向移动的可能性越大，期权时间价值越高；波动率越低，期权向实值方向移动的可能性越小，期权时间价值越低。因此，在其他变量不变的情况下，工业硅期货价格的波动率越大，看涨期权和看跌期权的价格都会越高，反之亦然。

（四）利率

在其他变量不变的情况下，利率越高，看涨期权价格越高，看跌期权价格越低。期权距离到期时间越长，利率变化对期权价格的影响越大。

（五）到期剩余时间

到期剩余时间是指距离期权合约到期日剩余时间的长短。无论是看涨期权还是看跌期权，权利金都会随着时间流逝不断降低。这是因为剩余时间越短，期权向实值方向移动的可能性越小，期权时间价值越小。当期权到期时，时间价值为0。

> **延伸阅读**
>
> **期权定价理论的发展**
>
> 　　1973 年美国学者 Fischer Black 和 Myron Scholes 在《期权定价与公司负债》中提出了著名的 Black - Scholes 期权定价模型（B-S 模型），在学术界及实务界均引起了强烈的反响，Myron Scholes 因此获得了 1997 年诺贝尔经济学奖。B-S 模型利用复制资产和无套利假设的方法，得出了反映期权价格与标的价格、时间之间的微分方程，并解出了著名的 B-S 期权定价公式。
>
> 　　在此基础上，学术界不断提出更多期权定价模型，最著名的是 1979 年由 J. Cox, S. Ross 和 M. Rubinstein 提出的二叉树模型。随着期权市场发展越来越迅速、策略越来越复杂，美式期权、奇异期权等新产品不断涌现，像传统的欧式期权一样能解析定价的期权合约已不能满足市场需求，学术界和实务界开始运用蒙特卡罗方法和有限差分方法等各类数值方法进行期权定价。其中，蒙特卡罗方法基于风险中性理论，用算数平均代替理论的期望值，用离散代替连续，起到简化近似的效果，适用于衍生品收益与标的资产的历史价格有关或存在多个标的资产的情形。有限差分方法则通过数值求解微分方程（用差分方程替代微分方程）达到定价的目的，适用于期权持有者可以提前行权的美式期权，或其他需要在到期日之前作出某种决定的衍生产品。
>
> 　　三种期权定价模型能够非常有效地对各种结构的期权进行定价，尤其是蒙特卡罗模拟法，由于其为非参数计算法，通过对标的资产的大量路径模拟，针对一些结构较为复杂的期权也可以进行定价；而对于一些结构较为简单的期权，如目前国内市场上常见的欧式期权，采用 B-S 公式或二叉树模型进行计算则可以较为快速地得到定价结果。

三、工业硅期权合约是怎样的?

工业硅期权合约是指由广州期货交易所统一制定的、规定买方有权在将来某一时间以特定价格买入或卖出工业硅期货的标准化合约(见表 7-2)。

表 7-2　　　　　　　　工业硅期货期权合约

合约标的物	工业硅期货合约
合约类型	看涨期权、看跌期权
交易单位	1 手(5 吨)工业硅期货合约
报价单位	元(人民币)/吨
最小变动价位	1 元/吨
涨跌停板幅度	与工业硅期货合约涨跌停板幅度相同
合约月份	1—12 月
交易时间	上午 9:00—11:30,下午 13:30—15:00 及交易所规定的其他时间
最后交易日	标的期货合约交割月份前 1 个月的第 5 个交易日
到期日	同最后交易日
行权价格	行权价格覆盖工业硅期货合约上一交易日结算价上下浮动 1.5 倍当日涨跌停板幅度对应的价格范围。行权价格≤10000 元/吨,行权价格间距为 100 元/吨;10000 元/吨<行权价格≤30000 元/吨,行权价格间距为 200 元/吨;行权价格>30000 元/吨,行权价格间距为 400 元/吨
行权方式	美式。买方可以在到期日之前任一交易日的交易时间,以及到期日 15:30 之前提出行权申请
交易代码	看涨期权:SI - 合约月份 - C - 行权价格 看跌期权:SI - 合约月份 - P - 行权价格
上市交易所	广州期货交易所

资料来源:广州期货交易所(若内容有更新,请以交易所官网为准:www.gfex.com.cn)。

(一) 工业硅期权的交易编码

在交易软件中,通常按照标的、月份、合约类型、行权价的顺序为工业硅期权赋予编码,具体含义如下:

(1) 工业硅期权 "$\dfrac{SI-2412-C-12800}{标的-月份-类型-行权价}$" 的含义是挂钩 SI2412 合约、执行价格为 12800 元/吨的看涨期权。

(2) 工业硅期权 "$\dfrac{SI-2412-P-15200}{标的-月份-类型-行权价}$" 的含义是挂钩 SI2412 合约、执行价格为 15200 元/吨的看跌期权。

(二) 如何理解工业硅期权的行权价格

(1) 行权价格区间:当前挂牌的期权合约行权价格需覆盖标的期货上一交易日结算价上下 1.5 倍的当日涨跌停幅度对应的价格范围。如果不能满足该条件,交易所会加挂期权合约。

(2) 期权的行权价格间距:指相邻两个行权价格之间的差值,行权价格一般是行权价格间距的整数倍,交易所可以根据市场情况对行权价格间距和行权价格的覆盖范围进行调整。

①行权价格≤10000 元/吨,行权价格间距为 100 元/吨;②10000 元/吨<行权价格≤30000 元/吨,行权价格间距为 200 元/吨;③行权价格>30000 元/吨,行权价格间距为 400 元/吨。

(三) 如何计算工业硅期权的涨跌停幅度

工业硅期权的涨跌停幅度与标的期货涨跌停幅度相同。如前一交易日 SI2407 工业硅期货合约结算价为 11800 元/吨,对应 SI2407C11800 期权合约结算价为 325 元/吨,假设此时交易所规定工业硅期货涨跌停幅度为 4%,那么 SI2407C11800 合约的涨停价为 325 + 11800 × 4% = 797 元/吨。如果计算出来的跌停价小于 0,则取期权的最小报价单位 1 元/吨作为跌停价。

> **小贴士**
>
> ### 工业硅期权保证金的计算方式
>
> 保证金是指投资者在进行期权交易时需要缴纳的一定金额，以保证其在交易中的履约能力。由于期权买方在购买期权时付出的是权利金，无须履约保障，因此不需要缴纳保证金。为了保证期权卖方顺利履约，期权保证金主要针对期权卖方收取。
>
> 广州期货交易所规定，工业硅期权卖方保证金的收取标准为下列两种计算方式得出结果中较大者：
>
> 期权合约结算价×交易单位+标的期货合约交易保证金−(1/2)×期权虚值额；
>
> 期权合约结算价×交易单位+(1/2)×标的期货合约交易保证金。

四、工业硅期权如何行权？

工业硅期权是美式期权，买方可以在合约到期日之前任一交易日的交易时间内，以及到期日当天 15∶30 之前提出行权申请。其中，工业硅期权最后交易日和到期日是工业硅期货合约交割月前 1 个月的第 5 个交易日。

上述提及的期权行权，是指期权买方行使期权合约所赋予的权利，即在特定时间以特定价格买入或卖出一定数量的特定资产，卖方有义务配合。

期权合约主动了结方式包括平仓、行权和放弃。平仓，是指买入或卖出与所持期权合约的数量、标的期货合约、月份、到期日、类型和行权价格相同但交易方向相反的期权合约，从而了结期权合约的方式。行权，是指期权买方按照规定行使权利，以行权价格买入或卖出标的期货合约，从而了结期权合约的方式。放弃，是指期权合约到期，买方不行使权利以了结期权合约的方式。在提交行权申请时间截止后，交易所按照随机均匀抽取原则进行行权配对。

客户的行权（买方）或履约（卖方）应当以期货公司会员的名义在交易所办理，其中期权买方可以提出行权申请或放弃申请。对应的，期权卖方则有履约义务，期权买方提出行权时，期权卖方应当按照合约规定的行权价格买入或卖出一定数量的标的期货合约。

例如，看涨期权行权与履约后，买方按行权价格获得标的期货买持仓，卖方按同一行权价格获得标的期货卖持仓；而看跌期权行权与履约后，买方按行权价格获得标的期货卖持仓，卖方按同一行权价格获得标的期货买持仓。

到期结算前没有提交行权或放弃申请的期权持仓，交易所会根据行权价格与当日标的期货合约结算价进行如下处理：若看涨期权行权价格小于当日标的期货合约结算价，自动行权；若看跌期权行权价格大于当日标的期货合约结算价，自动行权。

五、工业硅期权如何结算？

在期权交易中，卖方收取权利金并需缴纳保证金，而买方支付权利金但无须缴纳交易保证金。具体来看，买方开仓时，按开仓成交价支付权利金，买方平仓则按平仓成交价收取权利金；卖方开仓时，按开仓成交价收取权利金，卖方平仓则按平仓成交价支付权利金。

期权卖方开仓时，交易所按照上一交易日结算时该期权合约保证金标准收取期权卖方交易保证金；期权卖方平仓时，交易所释放期权卖方的交易保证金。工业硅期权结算价主要用于计算保证金的收取数额，确定下一交易日期权的涨跌停板价。

交易所利用二叉树模型计算工业硅期权合约当日结算价，其中无风险利率取1年期定期存款基准利率。交易所可以对异常结算价进行调整。依据结算日工业硅期权合约结算价区分非最后交易日、最后交易日两种计算方式。

1. 非最后交易日结算价

交易所根据工业硅期权隐含波动率确定各期权合约的理论价,并作为当日结算价。理论定价模型采用的波动率按照下列方法确定。

(1) 若某月份期权合约有成交,先以当日成交价格按照成交量的加权平均价推导每一个有成交合约的隐含波动率(标的期货价格采用当日期货结算价),再将有成交合约的隐含波动率按照相应合约成交量加权平均,计算出该月份期权合约的隐含波动率。

(2) 若某月份期权合约无成交,则该月份期权合约隐含波动率按照下列方法确定:

①相邻两个月份期权合约均有成交,取前一月份合约的隐含波动率;②只有一个相邻月份期权合约有成交,取该有成交相邻月份合约的隐含波动率;③相邻两个月份期权合约均无成交,依次从次相邻月份期权合约中按照上述方法选取隐含波动率;④若上述条件均不满足,则取该月份期权合约上一次成交的交易日的隐含波动率,如果前一日无成交,则取历史波动率,作为隐含波动率。

2. 最后交易日结算价

(1) 看涨期权结算价 = Max {标的期货合约结算价 - 行权价格,0};
(2) 看跌期权结算价 = Max {行权价格 - 标的期货合约结算价,0}。

六、工业硅期权有何风控措施?

(一) 保证金制度

期权买方有权利,没有履约的义务,最大损失为支付的权利金,不需要缴纳保证金。期权卖方有履约义务,为保证履约,需要向交易所缴纳交易保证金。

值得一提的是,交易所对跨式、宽跨式、备兑期权等组合的交易保证金给予优惠。对于卖出跨式或宽跨式组合,收取卖出看涨期权与卖出看跌期权交易保证金较大者,加上另一部分权利金。对于备兑期权组合(卖出看涨期权并买入期货、卖出看跌期权并卖出期货),仅收取权利金(期权结算价×交易单位)与标的期货保证金之和。

(二)价格限制制度

价格限制制度包括涨跌停板制度和价格波动带制度等。工业硅期权的涨跌停板幅度与期货的涨跌停板幅度相同。为保持期权与期货价格同步变化,期权会随期货涨跌停板幅度变化做相应调整。期权合约涨跌停板价格计算公式如下:

涨停板价格 = 工业硅期权上一交易日结算价 + 工业硅期货上一交易日结算价(收盘价)× 工业硅期货涨停板比例;

跌停板价格 = Max{工业硅期权上一交易日结算价 - 工业硅期货上一交易日结算价(收盘价)× 工业硅期货涨停板比例, 期权合约最小变动价位}。

关于工业硅期货的涨跌停板幅度,广州期货交易所会根据价格出现同方向连续涨跌停、国家法定长假、市场风险明显变化以及交易所认为必要的其他情况,以公告形式调整涨跌停板幅度。因此,当期货合约调整涨跌停板幅度时,对应期权合约涨跌停板幅度会相应调整(见表7-3)。

表7-3　　　　　工业硅期权合约保证金、涨幅调整

期货	期权	涨跌停板幅度
发生涨跌停板	未发生涨跌停板	随期货变
发生涨跌停板	发生涨跌停板	随期货变
未发生涨跌停板	发生涨跌停板	不变

(三)持仓限额制度

交易所对期权实行限仓制度,期货公司的期权持仓不限仓;非期货公司或客户期权持仓都不得超过交易所规定的持仓限额,超过的按有关规定实行强行平仓。

第一，交易所对期权和期货分开限仓。交易所对非期货公司或客户持有的、按单边计算的同一月份期权合约投机持仓的最大数量进行单独限制。其中，单边持仓数量按买入看涨期权与卖出看跌期权持仓量之和，或卖出看涨期权与买入看跌期权持仓量之和分别计算。若同一客户在不同期货公司开有多个交易编码，则各交易编码同方向所有单边持仓的合计数不得超出对一个客户的限仓数额。超出限仓数额的，期货公司应对该客户超额持仓部分执行强行平仓。

第二，单边期货与期权套期保值持仓之和不得超过批准额度。买入套保额度为买入期货、买入看涨期权与卖出看跌期权持仓量之和；卖出套保额度为卖出期货、卖出看涨期权与买入看跌期权持仓量之和。期权套期保值的审批流程与期货相同。

第三，期权组合持仓限仓。该规则与期货套利持仓相关限仓规定相同，即非期货公司会员、客户所拥有的按单边计算的某月份期权合约投机持仓与套利持仓之和不得超过期权合约投机持仓限仓标准的 2 倍，其中期权投机持仓不得超过相应期权投机持仓限仓标准。

（四）交易限额制度

交易限额是指交易所规定的会员、境外特殊参与者或客户对工业硅期权合约在某一期限内开仓交易的最大数量。对于具有实际控制关系的客户、境外特殊非经纪参与者和非期货公司会员，其交易限额合并计算。不过，套期保值交易和做市交易不受该制度限制。

对超过交易限额的非期货公司会员、境外特殊非经纪参与者或客户，广州期货交易所会采取电话提示、要求报告情况、要求提交书面承诺、列入重点监管名单、限制开仓、限期平仓等措施，情节严重的会按照《广州期货交易所违规违约处理办法》等有关规定执行。

（五）大户报告制度

非期货公司会员、境外特殊非经纪参与者、客户工业硅期权合约大户报告标准为交易所对其规定的持仓限额的 80%（含本数）。工业硅期权的大户报告包括资金、持仓量、预计交割情况等信息。交易所可以根据市场风险状况制定并调整大户报告的标准、内容和方式，并不定期对会员、境外特殊参与者、境外中介机构或客户提供的材料进行核查。

（六）强行平仓制度

强行平仓是在客户超仓或会员资金不足等情况下，交易所和会员可以采取的风险控制措施。期权合约强行平仓的情形、原则和程序参照期货执行。对会员结算准备金小于零，且未在规定时间内补足的，如果会员未提交客户名单，交易所会根据流动性和资金释放量最大原则确定强平对象及顺序，并择机实施。

（七）风险警示制度

出现下列情形之一或交易所认为必要时，可以分别或同时采取要求报告情况、谈话提醒、书面警示、发布风险警示公告等措施中的一种或多种，以警示和化解风险：

（1）合约价格出现异常变动；

（2）期权合约成交持仓比出现异常变动；

（3）会员、境外特殊参与者或客户交易行为异常；

（4）会员、境外特殊参与者、境外中介机构或客户持仓变化较大；

（5）会员、境外特殊参与者、境外中介机构或客户持仓量过大，或持仓占比过高；

（6）会员、境外特殊参与者、境外中介机构或客户成交量过大，或成交占比过高；

（7）会员或其受托结算明细账户资金变化较大；

（8）会员、境外特殊参与者、境外中介机构或客户涉嫌违规；

（9）会员、境外特殊参与者、境外中介机构或客户被投诉；

（10）会员、境外特殊参与者、境外中介机构或客户涉及司法调查或诉讼案件；

（11）交易所认定的其他情形。

自测题

一、单项选择题

1. 关于工业硅期权的最后交易日表述正确的是（　　）。
A. 最后交易日是期货交割月前的第 10 个交易日
B. 与标的期货合约最后交易日相同
C. 最后交易日是期货交割月前 1 个月的第 5 个交易日
D. 最后交易日是期货交割月前 1 个月的倒数第 5 个交易日

2. 1 手工业硅期权对应（　　）。
A. 10 吨工业硅　　　　　　B. 100 吨工业硅
C. 1 手工业硅期货合约　　　D. 10 手工业硅期货合约

3. 工业硅期权的涨跌停板是以上一交易日的（　　）为基准确定。
A. 开盘价　　　　　　　　B. 收盘价
C. 结算价　　　　　　　　D. 集合竞价

4. 工业硅期权为（　　）期权，期权买方（　　）行权。
A. 欧式；只能在到期日当天
B. 欧式；可以在到期前任一交易日
C. 美式；只能在到期日当天
D. 美式；可以在到期前任一交易日

5. 开仓买入看涨期权最大的损失是（　　）。
A. 全部权利金
B. 行权价格减权利金
C. 权利金与行权价格之和
D. 期货价格变动与权利金之和

6. 以下（　　）为工业硅期权合约交易代码。
A. SI4210P13000　　　　　B. SI2405P13000
C. SI1300P22000　　　　　D. 601398P1308M00500

7. 客户、交易参与人持仓超出持仓限额标准，且未能在规定时间内平仓，交易所会（　　）。

　　A. 提高保证金水平　　　　　　B. 强行平仓

　　C. 限制投资者现货交易　　　　D. 不采取任何措施

8. 以下说法不正确的是（　　）。

　　A. 工业硅期权只能在期权到期日才能行权

　　B. 虚值期权的买方一般不会行权

　　C. 如果工业硅期货合约价格大幅上涨，相应的工业硅看涨期权的价值也会上涨

　　D. 如果工业硅期货结算价格发生较大变动，则工业硅期权的合约数量会增多

9. 工业硅期货前一交易日结算价为 14000 元/吨，则对应的工业硅期权合约执行价的间距为（　　）元/吨。

　　A. 100　　　　　　　　　　　B. 200

　　C. 300　　　　　　　　　　　D. 400

10. 假设工业硅期权限仓 15000 手，某客户持仓 10000 手 SI2407C13000 买入持仓，下列开仓行为不会超过持仓限额的是（　　）。

　　A. 卖出 5001 手 SI2407P14000

　　B. 买入 5001 手 SI2407C13000

　　C. 买入 2000 手 SI2407C13000，同时卖出 3001 手 SI2407P15000

　　D. 买入 2000 手 SI2407C12000，同时卖出 3001 手 SI2407C14000

11. 工业硅期货限仓 1000 手，某交易者资金充足，原有 950 手期货多头持仓，如果其申请 300 手看涨期权的行权，最后将有（　　）手期权行权成功。

　　A. 50　　　　　　　　　　　B. 100

　　C. 300　　　　　　　　　　　D. 0

12. 关于工业硅期权限仓的表述，错误的是（　　）。

　　A. 单边期权与期货套期保值持仓之和不能超过批准额度

　　B. 实行期权与期货投机持仓合并限仓

　　C. 看涨期权多头和看跌期权空头合并计算

D. 客户在不同会员编码的持仓合并计算

二、判断题

1. 工业硅期权的基础资产是工业硅现货。　　　　　　（　　）

2. 卖出看跌期权者，若买方到期行权，则其必须按行权价买入相应的基础资产。　　　　　　　　　　　　　　　　　　（　　）

3. 当看跌期权的行权价格高于基础资产的市场价格时，这种期权是虚值期权。　　　　　　　　　　　　　　　　　　　（　　）

4. 场内期权的交易品种和结构远比场外期权丰富。　　（　　）

5. 在其他变量不变的情况下，看涨期权行权价格越低，期权价格越低。
　　　　　　　　　　　　　　　　　　　　　　　　（　　）

6. 工业硅期权的买卖双方均需要缴纳保证金。　　　　（　　）

参考答案

一、单项选择题

1. C　　2. C　　3. C　　4. D　　5. A　　6. B　　7. B　　8. A　　9. B
10. D　　11. A　　12. B

二、判断题

1. ×　　2. √　　3. ×　　4. ×　　5. ×　　6. ×

第八章

工业硅期权运用策略

> **本章要点**
>
> 本章介绍了工业硅期货期权常用的交易策略及风险管理方法。本章以基本的单腿期权策略为基础,深入分析期权与现货结合的保护性策略和期权与期货结合的备兑策略,进一步延伸出多腿的期权价差策略、波动率策略,最后介绍了度量期权价格变化的工具——希腊字母。在希腊字母的基础上,阐述了工业硅期权交易的风险与风控手段。

一、工业硅期权套期保值基本策略是什么?

(一)预计行情出现单边波动的情形

市场参与者预计后市有大涨大跌的剧烈波动,适合买入单腿期权,包括买入看涨期权、买入看跌期权。

1. 买入看涨期权

适用情形：预计行情大涨；锁定标的资产采购成本，规避价格上涨风险。

策略特点：对存在采购需求的企业而言，在前期付出较少权利金，当原料价格大幅上涨时，可以获得一定补偿，从而对冲市场风险，同时保留原材料价格下跌时采购成本降低所带来的收益。

该期权策略亏损有限，亏损上限为权利金；收益无限，收益随基础资产价格的上涨可无限增加。

该期权策略到期盈亏损益如图 8-1 所示。

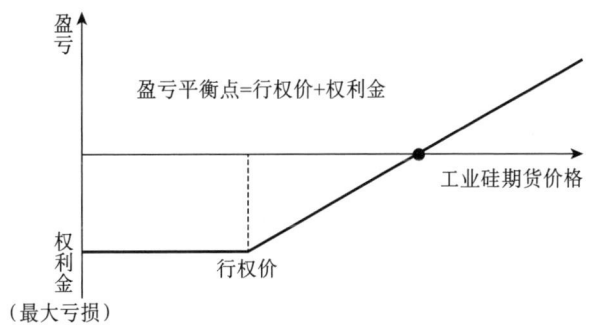

图 8-1　买入看涨期权到期盈亏损益

2. 买入看跌期权

适用情形：预计行情大跌；锁定基础资产销售价格，规避价格下跌风险。

策略特点：企业付出一定的权利金，买入对应基础资产看跌期权，可对冲未来价格下跌的风险，在未来基础资产价格大幅下跌时选择行权获取价格补偿，并保留基础资产价格上涨时销售价格上升带来的收益。

该期权策略亏损有限，上限为权利金；收益无限，收益随基础资产的下跌可无限增加（基础资产最低价格为 0）。

该期权策略到期盈亏损益如图 8-2 所示。

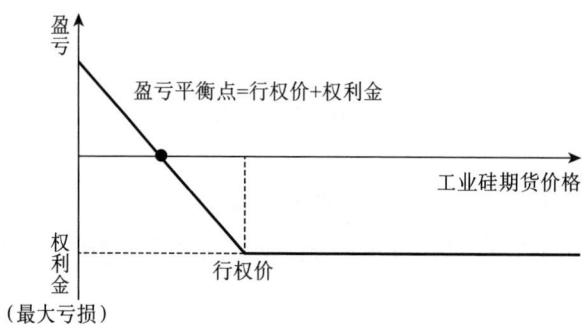

图 8-2 买入看跌期权到期盈亏损益

（二）预计行情稳定的情形

市场参与者预计后市行情较为稳定，上涨或下跌幅度相对有限，为了增强收益，可以选择单腿卖出期权，包括卖出看涨期权、卖出看跌期权。

1. 卖出看涨期权

适用情形：预计行情不会上涨；增厚销售利润。

策略特点：盈利有限，上限为权利金；亏损无限，亏损随基础资产价格的上涨可无限增加。

该期权策略到期盈亏损益如图 8-3 所示。

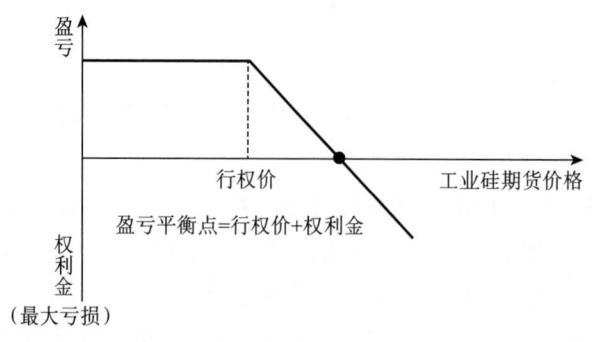

图 8-3 卖出看涨期权到期盈亏损益

2. 卖出看跌期权

适用行情：预计行情不会下跌；通过权利金降低采购成本。

策略特点：盈利有限，上限为权利金；亏损无限，亏损随基础资产价格的下跌可无限扩大。当基础资产价格大跌时，策略面临亏损，但基础资产可以低价购入，因此权利金起到了"安全垫"作用。

该期权策略到期盈亏损益如图 8-4 所示。

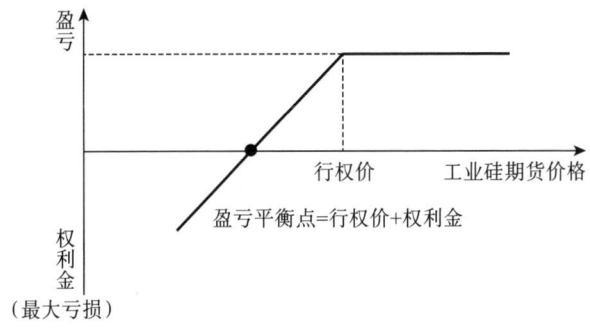

图 8-4　卖出看跌期权到期盈亏损益

 二、工业硅期权与期货结合有什么策略？

工业硅期权与期货结合的策略可分为保护性策略和备兑策略。

（一）期权的保护性策略

期权的保护性策略在使持有人总价值损失相对有限的基础上，有可能实现超额收益。期权的保护性策略是期权与标的资产头寸的结合，为持有的期货头寸买入反方向的期权，常用的策略组合有保护性看涨策略和保护性看跌策略。

1. 保护性看跌策略：持有期货多头，买入看跌期权（如图 8-5 所示）

持有工业硅期货多头的企业，可以通过在期权市场上买入工业硅看跌期权合约对标的资产进行保护。需注意的是，买入的期权合约的标的品种、数量以及到期月份应当与其所要保护的工业硅期货头寸在数量以及时间上基本相同。

若未来工业硅价格下跌，则带动工业硅看跌期权上涨，弥补工业硅价格下跌带来的不利影响；若未来工业硅价格上涨，则买入工业硅看跌期权最多损失权利金，无须行权，但保留了在上涨行情之下企业持有工业硅期货多头头寸的盈利空间。

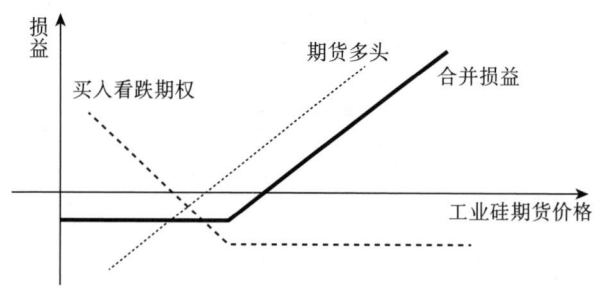

图8-5　期权的保护性看跌策略到期盈亏损益

2. 保护性看涨策略：持有期货空头，买入看涨期权（如图8-6所示）

持有工业硅期货空头的企业，可以通过在期权市场上买入工业硅看跌期权合约对期货头寸进行保护。需注意的是，买入的期权合约的标的品种、数量以及到期月份应当与其所要保护的工业硅空头头寸在数量以及时间上基本相同。

若未来工业硅价格上涨，则工业硅看涨期权价格也将上涨，期权获得的收益对冲了期货空头头寸的损失；若未来工业硅价格下跌，则买入工业硅看涨期权最多损失权利金，无须行权，但保留了在下跌行情之下企业持有工业硅期货空头头寸的盈利空间。

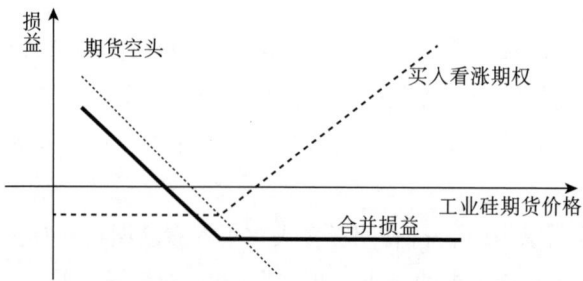

图8-6　期权的保护性看涨策略到期盈亏损益

（二）期权的备兑策略

期权的备兑策略是期权与期货头寸结合，卖出与持有的标的期货合约相反的期权组合，因此可分为备兑看涨期权策略和备兑看跌期权策略。

备兑看涨期权由看涨期权空头与同数量的标的多头组成，即卖出看涨期权的同时，买入同月份同数量标的期货（如图8-7所示）。

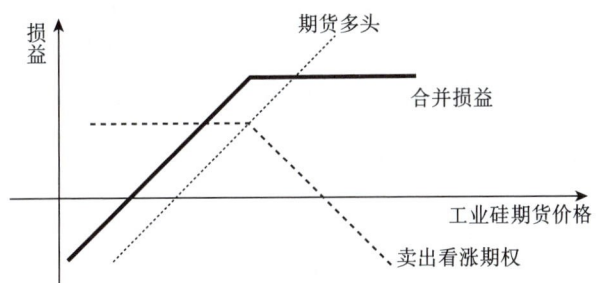

图8-7　期权的备兑看涨策略到期损益

在预计行情稳定或小幅上涨时，可使用备兑看涨期权策略，以收取的权利金来增厚收益。但若行情最终下跌，会因期货空头持仓带来损失。

备兑看跌期权则由看跌期权空头与同数量的标的空头组成，即卖出看跌期权的同时，卖出同月份同数量标的期货（如图8-8所示）。

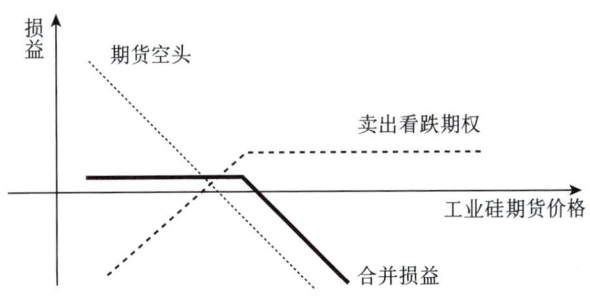

图8-8　期权的备兑看跌策略到期损益

在预计行情稳定或者小幅下跌时，可使用备兑看跌期权策略，以收取的权利金来增厚收益。

三、如何运用工业硅期权的价差策略?

期权的价差策略是期权组合策略的一种,是指持有两个或多个相同期限、不同行权价格的期权头寸组合。常见的期权价差策略分为牛市价差期权策略和熊市价差期权策略。价差策略的最大收益及亏损均有限。

(一)牛市价差(Bull Spread)策略

牛市看涨期权价差,是指买入一张行权价较低的看涨期权,同时卖出一张行权价较高的、到期日相同的看涨期权(如图8-9所示)。该策略适用于预计未来标的价格小幅上升的情形。由于买入期权的权利金比卖出期权的权利金更高,因此该策略的构建会产生权利金净支出。

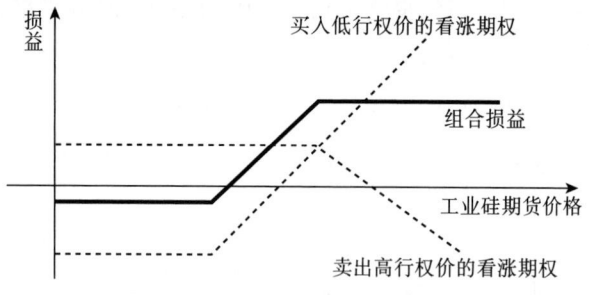

图8-9 牛市看涨价差期权到期损益

牛市看跌期权价差,是指买入一张行权价较低的看跌期权,同时卖出一张行权价较高的、到期日相同的看跌期权(如图8-10所示)。该策略同样适用于预计未来标的价格小幅上升的情形。由于买入期权的权利金比卖出期权的权利金更低,因此该策略的构建存在权利金的净收入。

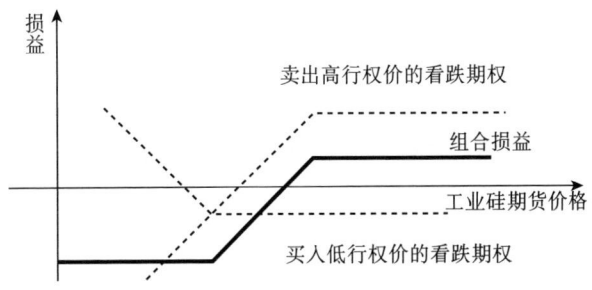

图 8-10　牛市看跌价差期权到期损益

牛市看涨期权与牛市看跌期权均适用于预计未来行情小幅上涨的情形，但两种策略的最终收益有所区别。由于牛市看涨期权在期初有权利金净支出，因此若行情按预期上涨，则牛市看涨期权收益更高。而牛市看跌期权在期初有权利金净收入，即使行情上涨，收益的增加也会比牛市看涨期权策略更少。若出现下跌行情，则牛市看涨期权到期收益将低于牛市看跌期权。

（二）熊市价差（Bear Spread）策略

熊市看涨期权价差，是指买入一张行权价较高的看涨期权，同时卖出一张行权价较低的、到期日相同的看涨期权（如图 8-11 所示）。该策略适用于预计未来标的价格小幅下跌的情形。由于买入的期权较卖出期权的权利金更低，因此该策略的构建存在权利金的净收入。该策略适用于预计未来标的价格小幅下跌的情形。

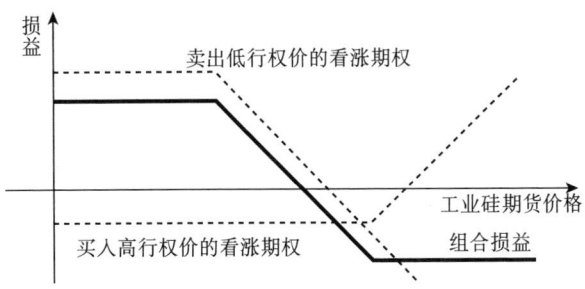

图 8-11　熊市看涨价差期权到期损益

熊市看跌期权价差，是指买入一张行权价较高的看跌期权，同时卖出一张行权价较低的、到期日相同的看跌期权（如图 8 – 12 所示）。该策略同样适用于预计未来标的价格小幅下跌的情形。由于买入期权较卖出期权的权利金更高，因此该策略的构建存在权利金的净支出。熊市看跌期权价差可以被看作通过折扣的方式买入了看跌期权，即卖权获得的权利金可以抵消买权支付的权利金。

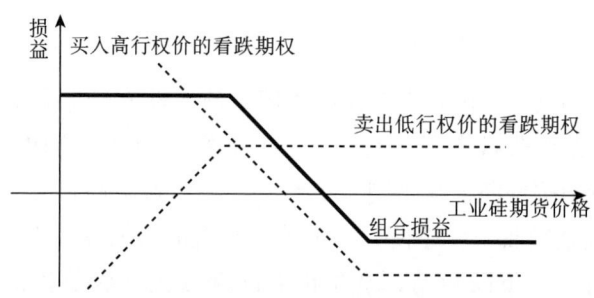

图 8 – 12　熊市看跌价差期权到期盈亏损益

与牛市价差类似，熊市看跌期权价差在预期的下跌行情出现时，到期收益会比熊市看涨期权更高。若行情稳定或下跌，熊市看涨期权策略在期初产生的权利金收入会部分抵消因行情下跌带来的损失。

四、如何运用工业硅期权的波动率策略？

期权价格的决定因素中，波动率是除标的资产价格之外最为重要的因素。在交易期权的过程中，除了价差策略之外，还形成了一类交易波动率的期权策略。这样的策略被称为期权的波动率策略，也被称为波动率套利策略。广义上，把所有不考虑标的方向、纯交易期权波动率的策略均称为"波动率套利"策略；狭义上，波动率套利策略专指通过研究隐含波动率和历史波动率的差异进行统计套利的方法。

期权的波动率策略是在波动率的变化中构建风险对冲的策略，常见的期权波动率交易策略有买入波动率策略和卖出波动率策略。

（一）买入波动率策略——买入跨式或宽跨式期权

买入跨式期权是指买入相同行权价的看涨期权和看跌期权（如图 8-13 所示）。而买入宽跨式期权则是指买入低行权价的看跌期权、高行权价的看涨期权（如图 8-14 所示）。无论工业硅期货在何方向上价格波动增大，工业硅期权变为实值的可能性都很大，从而给期权组合带来净收益。买入宽跨式期权中的期权虚值程度更深，因此买方支付的权利金比跨式期权少，同时潜在的收益也更低。

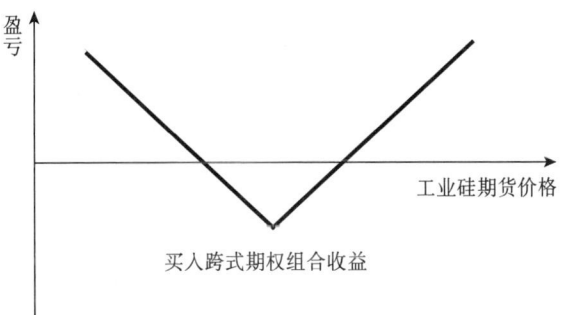

图 8-13　买入跨式期权到期盈亏

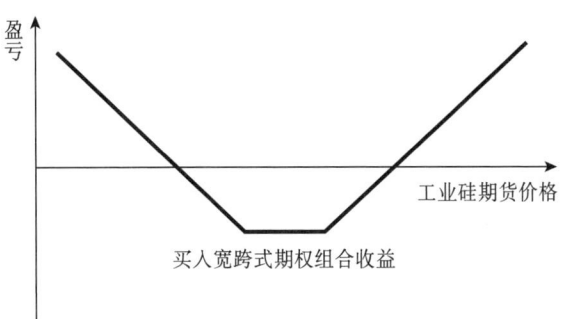

图 8-14　买入宽跨式期权到期盈亏

(二) 卖出波动率策略——卖出跨式或宽跨式期权

卖出跨式期权是指卖出相同行权价的看涨期权和看跌期权（如图8-15所示）。而卖出宽跨式期权则是指卖出低行权价的看跌期权、高行权价的看涨期权（如图8-16所示）。若工业硅期货价格保持相对稳定，则卖出的期权都将维持虚值状态，最终获得稳定的权利金收益。卖出宽跨式期权中的期权虚值程度更深，因此卖出宽跨式期权收取的权利金更低，同时因价格波动加剧带来的损失也会更低。

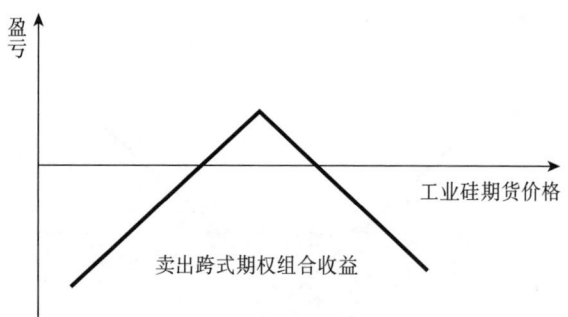

图8-15 卖出跨式期权到期盈亏

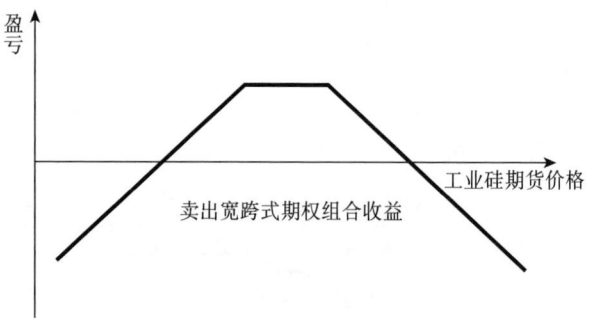

图8-16 卖出宽跨式期权到期盈亏

五、如何利用期权的希腊字母进行交易?

期权的价格会受到标的资产价格、资产价格波动率、期权到期时间、行权价格以及无风险利率等因素的影响。量化各类因素对期权价格的影响程度在风险管理和投资决策中有至关重要的意义。由 Black – Scholes 模型衍生出的希腊字母体系正是这样一套风险管理工具,期权交易者可以将期权交易过程转化为对希腊字母指标的管理。常用的希腊字母包括 Delta（Δ）、Gamma（Γ）、Theta（Θ）、Vega（ν）、Rho（ρ）等。

（一）Delta——期权价格对标的资产价格变动的敏感度

Delta = 期权价格变化/标的资产价格变化

Delta 是对期权价格影响最大的指标,可以说期权价格的变动绝大部分来自标的资产价格的变动。看涨期权的 Delta 为正,看跌期权的 Delta 为负,其值的范围是[-1,1]。当投资组合中所有头寸的 Delta 值为 0 时,称为 Delta 中性。

Delta 是期权价格对标的资产价格的一阶导数,其绝对值反映了期权到期成为实值期权的概率,如图 8 – 17 所示。例如,平值期权 Delta 值为 ±0.5,这意味着期货价格从行权价格出发,上涨和下跌的概率各有 50%。

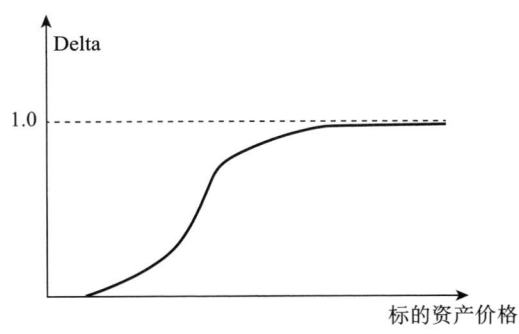

图 8 – 17　看涨期权 Delta 与标的资产价格关系

在实际应用中，Delta 常作为风险资产对冲计量的依据，如 Delta 值为 0.5，则卖出 1 手看涨期权需要买入 0.5 手标的来对冲风险。

一般来说，时间是期权买方的敌人、卖方的朋友。随着到期时间的临近，权利金中的时间价值会快速减少，这也意味着期权的 Delta 会随着到期时间的临近而发生变化。在期权未到期前，实值期权的 Delta 值 > 平值期权的 Delta 值 > 虚值期权的 Delta 值。期权距到期日的时间越长，这三种期权的 Delta 越接近；相反，期权距到期日时间越短，这三种期权的 Delta 差距越大，如图 8-18、图 8-19 所示。

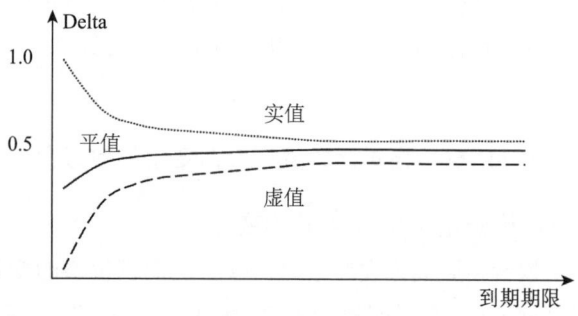

图 8-18　看涨期权 Delta 随到期时间的变化

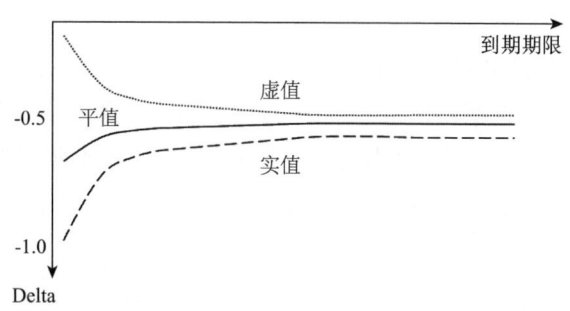

图 8-19　看跌期权 Delta 随到期时间的变化

（二）Gamma——Delta 对标的资产价格变动的敏感度

Gamma = Delta 的变化/标的资产价格变化

Gamma 是期权价格对标的资产价格的二阶导数，如图 8-20 所示，当

Delta 值对标的资产价格的变化特别敏感的时候,Gamma 就会特别重要。

随着期权合约到期时间的临近,实值期权和虚值期权的 Delta 值就会发生歪曲,越是实值(或虚值)期权的 Gamma 越小,而平值期权的 Gamma 值最大。实值期权的 Delta 值都接近于 1 或 -1,虚值期权的 Delta 值都接近于 0(如图 8 - 21 所示)。因此,对于临近到期的虚值期权,标的资产价格的小幅变动使期权变为实值期权,就有可能引起期权合约的 Delta 值从接近于 0 变化到接近于 ±1,这就会产生较高的 Gamma 值。在这种情况下,标的价格的小幅变化会使期权的 Delta 快速变化,并进一步使期权价格大幅变化,所以较高的 Gamma 值意味着期权价格存在大幅波动的风险。

图 8 - 20　Gamma 随标的价格的变化

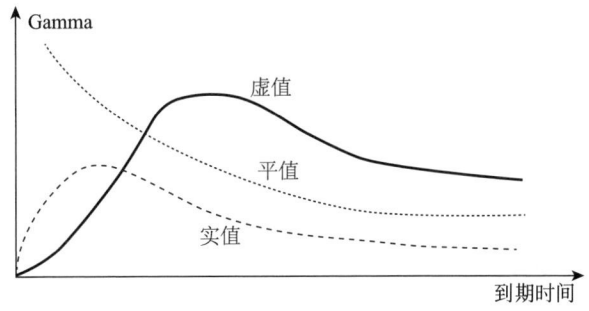

图 8 - 21　Gamma 随到期时间的变化

(三) Theta——期权价格随时间流逝的变化速度

Theta = 期权价格变化/到期时间变化

随着期权到期日的临近，到期日标的资产价格的不确定性逐渐变小，期权的时间价值在不断减少，给期权价格造成负面影响。时间的流逝是不可逆的，Theta 会带来期权价值的衰减，所以期权多头的 Theta 值一定是负的。反之，期权空头的 Theta 值为正，因此很多期权卖方策略的主要目的在于收取期权的 Theta 带来的价值。

(四) Vega——波动率每变化一个单位，期权价格的变化值

Vega = 期权价格变化/波动率变化

Vega 表示的是期权价格对标的波动率的敏感性。Vega 值越大，期权价格受标的资产波动率变化的影响越大，Vega 值与期权价格成正相关关系。其他因素不变时，Vega 值越大，标的波动率越大，不确定性越大，期权越有价值，期权的价格也就越高。

(五) Rho——期权价格对无风险利率变化的敏感程度

Rho = 期权价格变化/无风险利率变化

利率对期权价格的影响相对较小，同时市场无风险利率也相对稳定，因此对于一般投资者来说，Rho 的影响可以忽略不计，但是对于头寸量比较大的专业投资者而言，Rho 的影响也很重要。看涨期权的 Rho 为正值，看跌期权的 Rho 为负值。期权越接近到期日，利率变化对期权价值的影响越小，因此随着期权逐渐到期，Rho 逐渐收敛到 0。

六、工业硅期权交易有哪些风险？

参与工业硅期权交易面临的风险在多方面与期货交易类似，但由于期权

买方与卖方的权利义务不对等,因此买卖双方关注风险的侧重点有一定区别。总体来看,期权交易应注意价格波动风险、市场流动性风险、合约到期风险、操作风险等方面。

(一)期权买卖双方都会面临的风险

1. 价格波动风险

期权是具有杠杆性且较为复杂的金融衍生品,影响因素较多,有时会出现价格大幅波动,可能使期权买方损失部分或全部权利金或令期权卖方面临较大亏损。

因此,投资者应了解如何管理头寸、有效控制风险敞口。

2. 市场流动性风险

期权合约有看涨、看跌之分,有不同的到期月份和行权价,而且合约数量众多。部分合约成交量小、交易不活跃,投资者如果选择流动性较差的合约,可能出现无法及时以理想价格成交的情况。

因此,投资者在交易期权时需注意流动性风险,尽量选择交易活跃的合约。

3. 操作风险

操作风险是指投资者在进行期权交易时由于人为操作出现失误或计算机系统出现故障而引发的风险。例如,投资者操作时可能会选错交易类型、交易标的资产或交易单位,从而遭受意外损失。计算机系统出现故障也可能导致投资者无法及时平仓或行权,承受不必要的损失。

建议投资者熟悉期权交易规则,谨慎操作,同时选择适当的操作系统,避免在交易与行权时因操作或系统错误造成损失。

(二)期权买方需要特别注意的风险

期权买方需要特别注意的风险主要是合约到期风险。与期货相同,期权也有到期日。一旦过了到期日,期权就将作废。即使是对投资者有利的期权合约,也不再有任何价值,期权买方会损失掉付出的所有权利金以及可能获得的收益。

因此,投资者需注意每个期权合约的到期日,对平仓或行权早做准备。

（三）期权卖方需要特别注意的风险

期权卖方需要特别注意的风险主要是强行平仓风险。强行平仓风险是指客户因保证金不足或违规持仓超限被强行平仓的风险。期权交易每日收市后会按照合约结算价向期权卖方计算收取保证金，如果卖方保证金账户内的可用资金不足，就会被要求补交保证金，若未在规定的时间内补足保证金且未及时自行平仓，就可能被强行平仓。

自测题

一、单项选择题

1. （ ）是用来衡量期权价格的变化与标的资产价格波动率变化的比率。

  A. Delta   B. Gamma

  C. Rho   D. Vega

2. 某投资者认为未来工业硅期货价格会大涨，但其资金有限，又怕一旦方向看错，损失增加，那么其决策应该是（ ）。

  A. 买入工业硅期货   B. 卖出工业硅期货

  C. 卖出工业硅看跌期权   D. 买入工业硅看涨期权

3. 一个离到期日还有 120 天的 SI2412 - P - 15000 期权，当前工业硅期货价格为 14960 元/吨，则该期权的 Delta 值最接近于（ ）。

  A. -1   B. 1

  C. 0.5   D. -0.5

4. 下列关于期权希腊字母说法正确的是（ ）。

  A. 当购买平值期权时，Theta 为正值

  B. 实值期权的 Gamma 值最大

  C. 深度实值的看跌期权 Delta 值趋于 1

  D. 深度虚值的看涨期权 Delta 值趋于 0

5. 当投资组合中所有头寸的 Delta 值为（　　）时，称为 Delta 中性。

A. 0 B. 1
C. -1 D. 0.5

6. 一个看涨期权的 Delta 值为 0.7，下列（　　）策略可以使 100 手看涨期权空头变成 Delta 中性。

A. 买入 70 手期货 B. 买入 100 手看涨期权
C. 买入 100 手期货 D. 买入 70 手看涨期权

7. 看涨期权的买方要想通过对冲平仓了结所持有的期权合约，则需（　　）。

A. 卖出看跌期权 B. 买入看跌期权
C. 买入看涨期权 D. 卖出看涨期权

8. 下列有关 Gamma 值说法不正确的是（　　）。

A. Gamma 代表了 Delta 值对标的物价格变化的敏感度

B. 期权处于平值状态时，Gamma 值最小

C. 看涨期权多头的 Gamma 值为正

D. 期货没有 Gamma 风险

9. 买入看涨期权的风险和收益关系是（　　）。

A. 损失有限，收益有限

B. 损失有限，收益可能很大

C. 损失可能很大，收益有限

D. 损失和收益都可能很大

10. 下列关于 Vega 值说法不正确的是（　　）。

A. 欧式期权和美式期权的 Vega 均为正值

B. 波动率的变化方向与期权价格的变化方向相同

C. 期货头寸的 Vega 值为 1

D. 期权头寸可以改变组合中的 Vega 值

11. 如果以 32 元的价格买入一手 SI2409 - C - 15400 的看涨期权，那么当期的期货价格为（　　）价位时，投资者达到损益平衡（不计交易成本）。

A. 15432 B. 15464
C. 15400 D. 15368

12. 在看涨期权未到期前，实值期权、平值期权、虚值期权的 Delta 指标之间的关系是（　　）。

　　A. 实值期权 Delta 值 > 虚值期权 Delta 值 > 平值期权 Delta 值
　　B. 虚值期权 Delta 值 > 平值期权 Delta 值 > 实值期权 Delta 值
　　C. 实值期权 Delta 值 > 平值期权 Delta 值 > 虚值期权 Delta 值
　　D. 实值期权 Delta 值 = 平值期权 Delta 值 = 虚值期权 Delta 值

13. 生产制造商、仓储商和加工商为了回避已购进原材料价格下跌的风险，常用的保值手段除了卖出期权合约以外，还可以使用买进看跌期权或（　　）。

　　A. 卖出看涨期权　　　　　　B. 买入期货合约
　　C. 买进看涨期权　　　　　　D. 卖出看跌期权

14. （　　）用于衡量期权理论价值因时间流逝而下降的速度。

　　A. Delta　　　　　　　　　 B. Gamma
　　C. Theta　　　　　　　　　 D. Vega

15. 某投资者买入 1 手工业硅看跌期权，该期权可令投资者卖出 1 手工业硅期货，行权价为 17000 元/吨，当前工业硅期货价格为 16500 元/吨，该期权价格为 700 元/吨。期权到期日，工业硅期货价格为 15500 元/吨，不考虑交易成本，投资者行权净损益为（　　）元。

　　A. 800　　　　　　　　　　 B. 4000
　　C. −1500　　　　　　　　　 D. 2500

二、判断题

1. 预计行情不会下跌，则可以采取卖出看跌期权策略。　　　　　　（　　）
2. 保护性看涨策略是指持有期货多头的同时，买入看跌期权。　　（　　）
3. 熊市看跌期权价差适用于预计未来标的价格小幅下跌的情形。（　　）
4. 买入相同行权价的看涨期权和看跌期权可以形成买入波动率策略。
　　　　　　　　　　　　　　　　　　　　　　　　　　　　　（　　）
5. 由于期权买方与卖方的权利义务不对等，因此买卖双方面临的风险有一定区别。　　　　　　　　　　　　　　　　　　　　　　（　　）

参考答案

一、单项选择题

1. D 2. D 3. D 4. D 5. A 6. A 7. D 8. B 9. B
10. C 11. A 12. C 13. A 14. C 15. B

二、判断题

1. √ 2. × 3. √ 4. √ 5. √

第九章

工业硅期货的交割

本章要点

实物交割是期货市场十分重要的一环,是联系期货市场与现货市场的纽带,通过实物交割,可以促使期货价格与现货价格趋向一致。本章详细介绍了工业硅期货的交割规则及交割流程,整理了交割实务中的常见问题,为企业参与工业硅实物交割提供了指引。

 一、工业硅期货采用什么交割方式?为什么要进行交割?

工业硅期货采用的是商品期货普遍实行的实物交割方式。实物交割,是指期货合约的买卖双方于期货合约到期时,根据交易所制定的规则和程序,通过期货合约标的物的所有权转移,将到期未平仓合约进行了结的行为。

在期货交易中，绝大多数的期货合约通过对冲平仓的方式了结，只有很小比例的期货合约最终会进行实物交割。但正是这少量的实物交割将期货市场与现货市场紧密联系起来，促使期货价格与现货价格趋向一致，为期货市场功能的发挥提供了重要的前提条件。

期货市场具有价格发现和套期保值两大功能，这两大功能的发挥都与实物交割密不可分。首先，实物交割发生的潜在可能性，使期货价格变动与相关现货价格变动趋于一致，而期货市场公正、公开、高效的交易环境相较于现货市场具有能更快反映市场供需变化的特点，因此可以使价格发现功能有效发挥。其次，实物交割也是期货市场套期保值功能发挥的前提条件。期货市场帮助生产者或贸易商实现风险转移和套期保值的功能有两个条件：一是期货价格与现货价格在进入交割期时会逐渐趋于一致，这是因为两者在相同的时间所受供需因素的影响是基本相同的；二是能够保证期货合约的买方通过交割最终获得实物，以转移合约买方持有现货的风险和成本。

> **小贴士**
>
> 对于买卖双方来说，交割对自身越有利，则越有意愿参与交割。例如，当期货价格比现货价格低时，期货买交割综合成本较现货直接采购价格更低，则买方更倾向于进入买交割环节；当期货价格比现货价格高时，期货卖交割综合收益比直接销售收益更高，则卖方更倾向于进入卖交割环节。当然，也有部分企业把期货市场作为稳定的销售渠道，将生产的工业硅持续通过期货市场销售，这有利于企业扩大市场销售规模。

> **延伸阅读**
>
> **工业硅期货交割概况**
>
> 工业硅期货首次交割于2023年8月开启，截至SI2405合约，共计交割配对94546手，合计42.27万吨。当前，工业硅的交割以滚动交割为主，一次性交割量占比较小，并且工业硅期货在进入交割月初期时交割量较大，随着当月合约的到期，交割量逐渐减少至0，下一个合约进入交

割月后再次循环往复。工业硅期货在上市后便形成了逐月移仓换月的格局，各合约交割量保持相对稳定，通过交割较好地服务了工业硅产业链上下游企业。截至2024年5月31日，工业硅期货历次交割情况汇总如图9-1、图9-2所示。

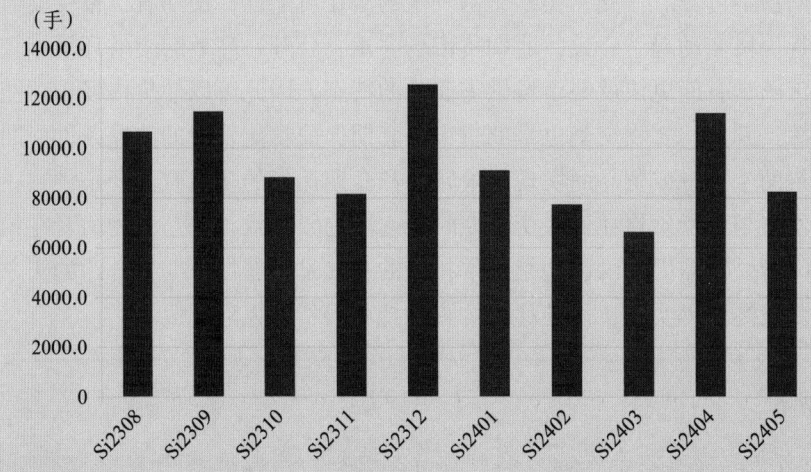

图9-1 工业硅期货各合约交割量汇总（截至2024年5月31日）

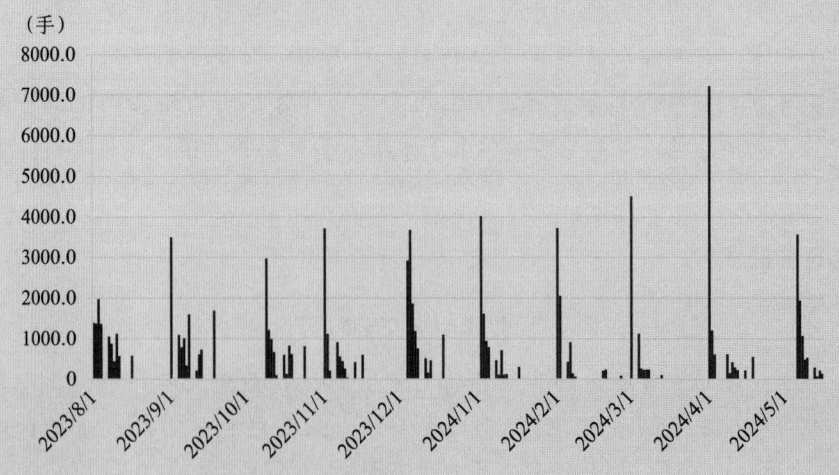

图9-2 工业硅期货每日交割量分布情况（截至2024年5月31日）

二、工业硅期货的质量规定需要注意哪些内容？

工业硅期货采用质量标准认证作为交割标准，不涉及品牌认证，即任何厂家只要生产的工业硅产品符合交割质量标准，均可以参与交割。工业硅期货上市初期拟定的具体质量规定如下。

基准交割品：达到《工业硅国标》规定牌号为 Si5530（名义硅含量≥98.7%、铁含量≤0.50%、铝含量≤0.50%、钙含量≤0.30%），粒度为 10～100 毫米的工业硅（其中，粒度偏差筛下物不大于 5%，筛上物不大于 5%）。

替代交割品及升贴水：达到《工业硅国标》规定牌号为 Si4210（名义硅含量≥99.3%、铁含量≤0.40%、铝含量≤0.20%、钙含量≤0.10%），粒度为 10～100 毫米的工业硅（其中，粒度偏差筛下物不大于 5%，筛上物不大于 5%）；升水 2000 元/吨。

工业硅期货上市以来，运用期货工具的产业企业越来越多，较好地发挥了期货价格发现与套期保值功能。但在工业硅期货运行的过程中，也发现了一些问题。一是 2000 元/吨的替代升贴水设置逐渐偏离市场实际情况，工业硅期货上市初期价格较高，Si5530 与 Si4210 牌号之间的价差在 2000 元/吨附近，但随着后续工业硅价格下跌，牌号间价差缩小，在 2000 元/吨的品质升贴水下，工业硅期货价格持续锚定在替代交割品 Si4210 上，SI5530 合约因参与交割不经济的原因难以进入交割环节。二是注册仓单持续走高，下游缺乏买交割动力，这是因为工业硅注册仓单只需检验铁铝钙三大主要杂质，并不检测微量元素杂质，下游企业无法确定货物能否满足自身使用需求，因而缺乏买交割意愿。

在这样的背景下，广州期货交易所作出修订工业硅期货合约细则的决定。2024 年 4 月 12 日，广州期货交易所发布关于修订《广州期货交易所工业硅期货、期权业务细则》的相关通知，对工业硅期货交割质量标准进行了修改,新增了微量元素检验指标,以更好满足下游企业套期保值需求。该修订方案将在 SI2412 及以后合约上生效。

广州期货交易所对工业硅期货合约修订后的内容如下。

基准交割品:符合《工业硅国标》的要求,其中名义硅含量≥98.7%、铁含量≤0.50%、铝含量≤0.50%、钙含量≤0.30%、磷含量≤0.008%、硼含量≤0.005%、碳含量≤0.04%,粒度为 10~100 毫米。(粒度偏差筛下物不大于 5%,筛上物不大于 5%)。

替代交割品:符合《工业硅国标》的要求,其中名义硅含量≥99.3%、铁含量≤0.40%、铝含量≤0.20%、钙含量≤0.10%、磷含量≤0.008%、硼含量≤0.005%、碳含量≤0.04%、钛含量≤0.04%、镍含量≤0.015%、铅含量≤0.001%、钒含量≤0.025%,粒度为 10~100 毫米(粒度偏差筛下物不大于 5%,筛上物不大于 5%);升水 800 元/吨。

从合约修订的内容来看,基准交割品新增磷、硼、碳三种微量元素检测需求,明确基准交割品对标多晶硅生产需求,替代交割品新增磷、硼、碳、钛、镍、铅、钒七种微量元素检测需求,明确替代交割品对标有机硅生产需求,并将替代交割品升贴水从 2000 元/吨下调至 800 元/吨。工业硅期货合约的修订使交割品对标下游用途更为清晰,交割品标准设置偏向于 Si5530,且微量元素能够满足多晶硅生产需求,使当前工业硅需求最大的下游多晶硅行业能够较为便利地参与套保与买交割。

三、工业硅期货的交割库在哪里?升贴水如何设置?

工业硅指定交割库分为基准交割库和非基准交割库,非基准交割库设置贴水。工业硅期货基准交割区域为上海、浙江、江苏,非基准交割区域为天津、广东、四川、云南、新疆,各地区交割升贴水如表 9-1 所示。

表9-1　　　　　　　　工业硅交割库地区升贴水

交割区域	省份	升贴水（元/吨）
基准交割区域	上海	0
	浙江	0
	江苏	0
非基准交割区域	天津	-100
	广东	-150
	四川	-400
	云南	-550
	新疆	-800

此外，工业硅期货交割库还分为交割仓库和交割厂库。截至2024年11月30日，工业硅期货交割仓库共有34个，交割厂库32个，具体名录如表9-2、表9-3所示。

表9-2　　　　　广州期货交易所工业硅期货交割仓库名录

序号	地区	交割仓库名称	仓库地址
1	上海市	中储发展股份有限公司	上海市宝山区宝杨路2069号
2			上海市宝山区南大路137号
3			上海市宝山区南大路310号
4		中远海运物流供应链有限公司	上海市宝山区宝杨路2249号
5		厦门象屿速传供应链发展股份有限公司	上海市宝山区长建路505号
6	江苏省	中储发展股份有限公司	江苏省无锡市新吴区城南路32-1号
7		中国物流股份有限公司	江苏省常州市新北区罗溪镇通达路2号
8	浙江省	浙江尖峰供应链有限公司	浙江省金华市金东区浙江金东经济开发区常春西路88号
9	广东省	广州港物流有限公司	广州市南沙区龙穴街启航路5号
10		广东国储供应链股份有限公司	广州市黄埔区开发大道1330号
11		建发物流集团有限公司	广东省东莞市麻涌镇创业西路37号
12		广东炬申仓储有限公司	广东省佛山市南海区丹灶镇丹灶物流中心金泰路1号

续表

序号	地区	交割仓库名称	仓库地址
13	四川省	中储发展股份有限公司	四川省成都市金牛区天回镇明月路59号
14		中国物流股份有限公司	四川省成都市青白江区城厢镇香岛大道599号
15		中国外运华中有限公司	四川省成都市新都区物流大道399号
16			四川省成都市龙泉驿区柏合街道经开区南四路321号
17	新疆维吾尔自治区	中国物流股份有限公司	新疆乌鲁木齐新市区友谊路69号
18			新疆石河子市经七路42-A号
19		广东国储供应链股份有限公司	新疆乌鲁木齐市新市区乌昌辅道757号
20		中疆物流有限责任公司	新疆昌吉州昌吉市X131中疆3号中疆昌吉物流园区
21			新疆昌吉州昌吉市三工镇火车站物流园
22		广东炬申仓储有限公司	新疆昌吉州准东经济技术开发区彩南产业园环城南路3号
23	天津市	中储发展股份有限公司	天津市滨海新区新港四号路北791号
24			天津市北辰区陆路港物流装备产业园四经支路1号
25			天津市北辰区陆路港物流装备产业园一纬路9号
26		中国外运华中有限公司	天津市滨海新区塘沽新港四号路199号、199-1号
27			天津市西青区王稳庄镇新源道16号
28		中远海运物流供应链有限公司	天津市滨海新区塘汉路10号
29		建发物流集团有限公司	天津市滨海新区万年桥西津沽公路7200号
30			天津市东丽区华明街华然路1号
31	云南省	中国外运华中有限公司	云南省昆明市呈贡区塔山路777号
32		青岛港国际物流有限公司	云南省昆明市官渡区大板桥镇万纬昆明空港园区3期

续表

序号	地区	交割仓库名称	仓库地址
33	云南省	厦门国贸泰达物流有限公司	云南省昆明市官渡区迎晖街与秧草凹路交叉口东迎晖街888号
34		云南云铝物流投资有限公司	云南省昆明市阳宗海风景名胜区七甸工业园区云南次区域国际物流基地

资料来源：广州期货交易所（若内容有更新，请以交易所官网为准：www.gfex.com.cn）。

表9-3　　广州期货交易所工业硅期货交割厂库名录

序号	区域	交割厂库名称	存放地点
1	浙江省	合盛硅业股份有限公司	嘉兴港区外环西路南侧、瓦山路西侧
2		新安化工集团股份有限公司	浙江省开化县开化工业园区园一路15号
3	上海市	厦门国贸有色矿产有限公司	厦门象屿速传供应链发展股份有限公司（上海市宝山区长建路505号）
4		上海海证风险管理有限公司	厦门象屿速传供应链发展股份有限公司（上海市宝山区长建路505号）
5	广东省	厦门国贸硅业有限公司	广州港物流有限公司（广州市南沙区龙穴街启航路5号）
6		厦门国贸有色矿产有限公司	广东国储供应链股份有限公司（广州市黄埔区开发大道1330号）
7	四川省	厦门建发高科有限公司	中国外运华中有限公司（四川省成都市龙泉驿区柏合街道经开区南四路321号）
8		新安化工集团股份有限公司	中国外运华中有限公司（四川省成都市龙泉驿区柏合街道经开区南四路321号）
9		山东东岳有机硅材料股份有限公司	四川乐山川辉炉料有限责任公司（四川省乐山市金口河区金河镇五星村三角石工业集中区）
10		浙江杭实化工有限公司	中国外运华中有限公司（四川省成都市龙泉驿区柏合街道经开区南四路321号）
11	新疆维吾尔自治区	合盛硅业股份有限公司	新疆鄯善县石材工业园柯克亚路以西新疆合盛硅业

续表

序号	区域	交割厂库名称	存放地点
12	新疆维吾尔自治区	新疆戈恩斯硅业科技有限公司	新疆昌吉州准东经济技术开发区西黑山产业园兴业东路1号
13		新疆特变电工楼兰新材料技术有限公司	中疆物流有限责任公司（新疆昌吉州昌吉市X131中疆3号中疆昌吉物流园区）
14	天津市	厦门建发高科有限公司	建发物流集团有限公司（天津市滨海新区万年桥西津沽公路7200号）
15		厦门国贸硅业有限公司	中国外运华中有限公司（天津市滨海新区塘沽新港四号路199号、199－1号）
16		新安化工集团股份有限公司	中国外运华中有限公司（天津市滨海新区塘沽新港四号路199号、199－1号）
17		厦门国贸有色矿产有限公司	中国外运华中有限公司（天津市滨海新区塘沽新港四号路199号、199－1号）
18			中远海运物流供应链有限公司（天津市滨海新区塘汉路10号）
19	云南省	厦门国贸硅业有限公司	青岛港国际物流有限公司（云南省昆明市官渡区大板镇万纬昆明空港园区3期）
20			厦门国贸泰达物流有限公司（云南省昆明市官渡区迎晖街与秧草凹路交叉口东迎晖街888号）
21		新安化工集团股份有限公司	云南云铝物流投资有限公司（云南省昆明市阳宗海风景名胜区七甸工业园区云南次区域国际物流基地）
22		云南永昌硅业股份有限公司	青岛港国际物流有限公司（云南省昆明市官渡区大板镇万纬昆明空港园区3期）
23		国泰君安风险管理有限公司	青岛港国际物流有限公司（云南省昆明市官渡区大板镇万纬昆明空港园区3期）
24		物产中大资本管理（浙江）有限公司	云南云铝物流投资有限公司（云南省昆明市阳宗海风景名胜区七甸工业园区云南次区域国际物流基地）

第九章 工业硅期货的交割 163

续表

序号	区域	交割厂库名称	存放地点
25	云南省	银河德睿资本管理有限公司	中国外运华中有限公司（云南省昆明市呈贡区塔山路777号）
26		厦门港务贸易有限公司	青岛港国际物流有限公司（云南省昆明市官渡区大板镇万纬昆明空港园区3期）
27			中国外运华中有限公司（云南省昆明市呈贡区塔山路777号）
28		浙江四邦实业有限公司	青岛港国际物流有限公司（云南省昆明市官渡区大板镇万纬昆明空港园区3期）
29			中国外运华中有限公司（云南省昆明市呈贡区塔山路777号）
30		浙商中拓集团股份有限公司	中国外运华中有限公司（云南省昆明市呈贡区塔山路777号）
31		嘉悦物产集团有限公司	云南云铝物流投资有限公司（云南省昆明市阳宗海风景名胜区七甸工业园区云南次区域国际物流基地）
32		广期资本管理（上海）有限公司	青岛港国际物流有限公司（云南省昆明市官渡区大板镇万纬昆明空港园区3期）

资料来源：广州期货交易所（若内容有更新，请以交易所官网为准：www.gfex.com.cn）。

延伸阅读

工业硅交割区域是如何选取的

实物交割是联系期货市场与现货市场的纽带，为了保障期现价格回归、期货市场功能有效发挥，工业硅的交割区域需要贴近市场原有的现货贸易习惯，并且降低交割成本保证期现价差合理，同时对交易所来说，还需要预防交易和交割风险。

从工业硅产业链来看，主要生产区域在新疆、云南、四川，主要消费区域在华东地区，天津、广州是工业硅的出口港，是较为集中的贸易区域。因此，综合考虑工业硅上下游企业分布情况，基于生产、消费、贸易活跃度等因素，广州期货交易所选择江苏、上海、浙江、天津、广东、云南、新疆、四川等工业硅主要生产、消费地作为交割区域。

四、什么是工业硅期货的标准仓单？

标准仓单是交易所交割仓库按照交易所规定的程序提交注册申请后，经交易所注册的符合期货合约规定质量标准的实物提货凭证。标准仓单注册后在电子仓单系统中以电子数据形式存在。

工业硅期货标准仓单分为仓库标准仓单和厂库标准仓单。仓库标准仓单需要货主将工业硅入库交割仓库，并通过第三方质检机构的质检后方可注册。申请注册标准仓单的厂库应当向交易所提供交易所认可的银行履约担保函或其他担保方式。厂库标准仓单注册时，厂库内并不一定需要将工业硅入库。

经交易所注册后，标准仓单可用于交割、交易、转让、提货、作为保证金等。

工业硅期货的实物交割环节中，卖方向买方交付的是标准仓单，而买方在获得标准仓单后，再向对应的交割仓库提交提货申请，即可便利地完成实物交割。

五、什么是交割结算价？

交割结算价是指在进行交割时所依据的基准价格。工业硅期货合约适用期货转现货（简称期转现）、滚动交割和一次性交割。

期转现是指持有同一交割月份合约的交易双方通过协商达成现货买卖协议，并按照协议价格了结各自持有的期货持仓，同时进行数量相当的货款和实物交换。因此期转现的交割结算价采用买卖双方协议价格。

滚动交割是指在合约进入交割月以后，由持有标准仓单和交割月单向卖持仓的卖方客户主动提出，并由交易所组织匹配双方在规定时间完成交割的交割方式。滚动交割的交割结算价采用该期货合约滚动交割配对日的当日结算价。

一次性交割是指在合约最后交易日后，所有未平仓合约的持有者集中交割履约的模式，也是最常见的交割模式。值得注意的是，一次性交割时，同一客户号买卖持仓相对应部分的持仓视为自动平仓，不予办理交割。平仓价按交割结算价计算，一次性交割的交割结算价采用该期货合约自交割月第一个交易日起至最后交易日所有成交价格的加权平均价。

值得注意的是，交割结算价只确定了交割的基准价格，交割货款以交割结算价为基础，还需加上交割库升贴水和质量升贴水进行结算。

六、企业进行工业硅期货交割具体有哪些步骤？

（一）仓库标准仓单的交割

仓库交割流程包括交割预报、入库及验收、标准仓单注册与注销、商品出库等。

1. 交割预报

卖方在交割开始之前，应进行交割预报，并按 30 元/吨的标准向交易所缴纳交割预报定金。交割商品入库后，会员（期货公司）通过电子仓单系统办理返还交割预报定金。办理完交割预报的货主在入库 3 个自然日之前，应将车船号、品种、数量、到货时间等信息通知交割仓库（以下简称仓库），仓库应当合理安排接收商品入库。

除另有规定外，未办理交割预报的商品不得用于交割。已经交割过的商品如在原指定交割仓库继续进行交割，无须办理交割预报。

2. 入库及验收

（1）包装要求。工业硅期货交割品包装物采用双层、中间加固拦腰围带的塑料编织袋，并做铅封处理。包装袋上应当标明产品名称、产品牌号、执行标准、生产企业名称、批号、净重。工业硅包装因取样损坏的，仓库应按相应国家标准重新灌包，所需包装物由货主提供，灌包费用由货主承担。

（2）生产日期要求。生产（出厂）日期在90天以内（含当日）的工业硅可以申请注册标准仓单。每年11月的最后一个交易日之前（含当日）注册的工业硅期货标准仓单，应在当日之前（含当日）全部注销。注销后，未出库的且生产（出厂）日期在90天以内（含当日）的可以重新申请注册，无须进行质量检验。

需要注意的是，生产日期90天以内的条件需要在注册标准仓单当天满足，由于入库质检等流程需要时间，因此建议准备参与交割的企业为质检等环节预留10天左右的时间，避免因生产日期不符合规定而不能注册的情形。

（3）质量证明书。工业硅入库时，货主应当向仓库提交本批工业硅生产厂家出具的质量证明书。质量证明书应当注明产品名称、生产厂家、牌号、批号、重量和件数、生产（出厂）日期、适用的质量标准和该批产品的质量检验结果（铁、铝、钙）等信息。如该批产品的生产厂家已检明微量元素（磷、硼、碳、钛、镍）等信息，可在质量证明书中一并注明。

（4）验收及质检。工业硅入库时，包装物应干燥、结实耐用、适宜储存，仓库对入库商品进行重量验收，工业硅重量验收采用过地磅等方式进行。

仓库应当委托指定质量检验机构对入库商品进行质量检验。检验费用由货主承担，由仓库负责转交。仓库应当在货物入库前3个自然日将到货方式、到货数量、到货时间等相关信息通知指定质量检验机构。

入库工业硅的取样、制样、质检以及粒度检测由指定质量检验机构负责，按照《工业硅国标》和相关作业指导文件执行，仓库应予协助，相关仓库配合检验费用由货主承担。入库工业硅的质量检验应以同一厂家、同一牌号进行组批，每批 60 吨，超过 60 吨的应分若干批检验，不足 60 吨的按一批检验。

指定质量检验机构完成工业硅质量检验后，应当出具检验报告正本 1 份，副本 3 份，并将正本提交仓库，向交易所和货主分别提交副本 1 份。

3. 标准仓单注册

标准仓单是交易所交割仓库按照交易所规定的程序提交注册申请后，经交易所注册的符合期货合约规定质量标准的实物提货凭证。标准仓单注册后在电子仓单系统中以电子数据形式存在。

4. 交割

工业硅期货合约适用期货转现货、滚动交割和一次性交割。交割时，双方按照《广州期货交易所结算管理办法》规定的交割结算价进行交割。

5. 标准仓单注销与商品出库

仓库标准仓单注销是指仓库标准仓单合法持有人办理标准仓单退出流通手续的过程。标准仓单持有人注销标准仓单，应当通过会员（期货公司）办理。交易所收到注销标准仓单申请后，交易所注销相应的标准仓单，并开具"提货通知单"。通过电子仓单系统申请注销标准仓单的，交易所注销相应的标准仓单，并通过电子仓单系统发送提货密码，向会员（期货公司）和指定交割仓库发送提货通知。

货主提货时，应当向指定交割仓库提供提货人身份证、交易所认可的提货人所在单位证明、"提货通知单"或提货密码，同时与指定交割仓库结清自标准仓单注销日次日至提货日的有关费用。工业硅从仓库出库时，持有"提货通知单"或提货密码的货主应当在实际提货日 5 个自然日前与仓库联系有关出库事宜，并在标准仓单注销日后 10 个工作日内（含当日）到仓库提货。工业硅出库过程中，发现包装损坏、不适宜再次装卸及运输的，仓库应当免费提供包装物、重新灌包，并及时将相关情况通知质检机构。工业硅出库完成后，仓库应与货主对相关事宜进行书面确认，并妥善保存相关材料。交割仓库标准仓单业务流程见图 9-3。

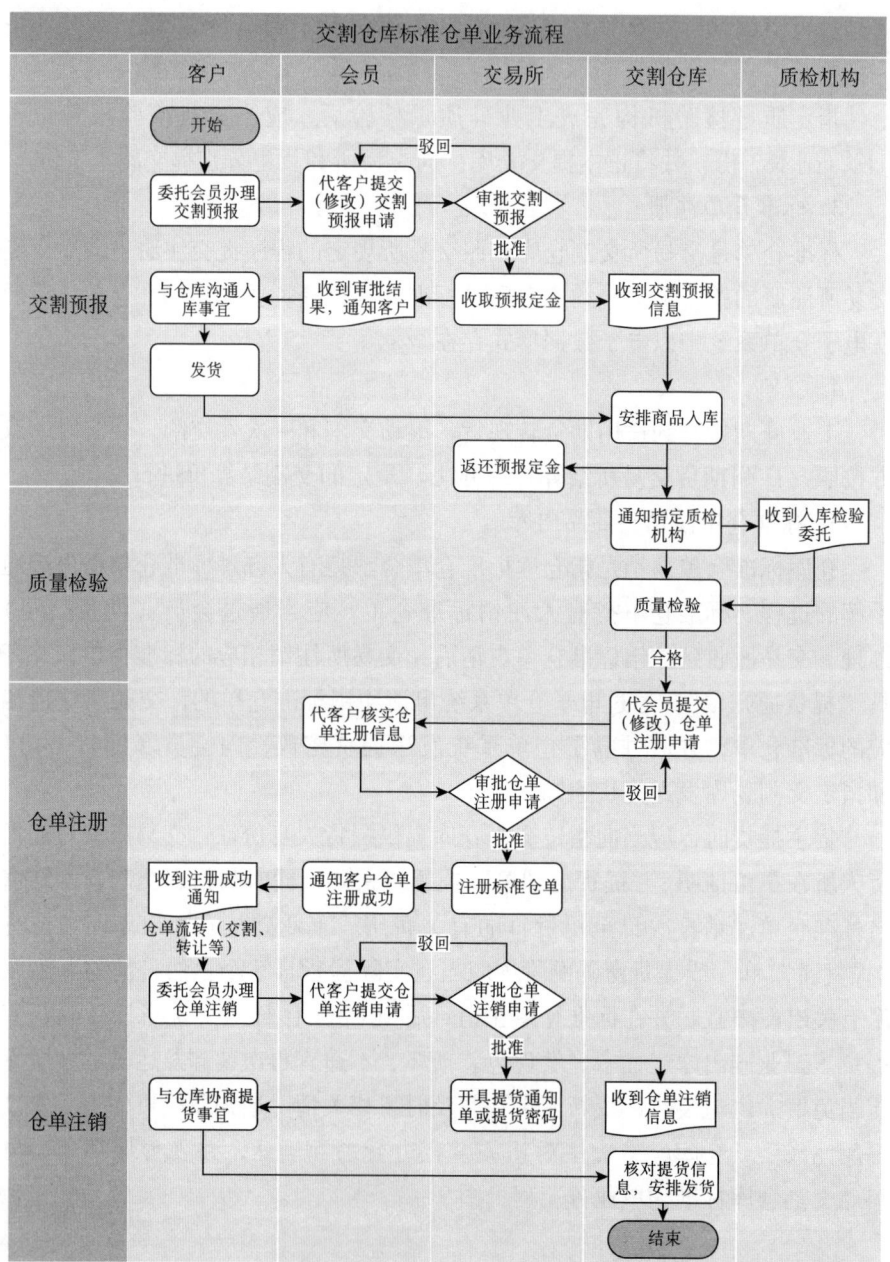

图 9-3　广州期货交易所交割仓库标准仓单业务流程

资料来源：广州期货交易所（若内容有更新，请以交易所官网为准：www.gfex.com.cn）。

（二）厂库标准仓单的交割

因为厂库本身就是交割货物的提供方，因此厂库交割流程无须交割预报、入库及验收环节。下面主要介绍标准仓单注册与注销、商品出库与质检等环节。

1. 厂库标准仓单注册

厂库申请注册标准仓单，应向交易所提供交易所认可的银行履约担保函或者其他担保凭证。

2. 交割

工业硅厂库仓单的交割与仓库仓单一致，适用期转现、滚动交割和一次性交割。

3. 厂库标准仓单注销与商品出库

厂库标准仓单注销是指厂库标准仓单合法持有人办理标准仓单退出流通手续的过程。标准仓单持有人注销仓单，应当通过会员（期货公司）办理。

工业硅从厂库出库时，货主应在标准仓单注销日后（不含注销日）的4个自然日内（含当日）到厂库提货。

工业硅厂库应在标准仓单注销日后（不含注销日）的4个自然日内（含当日）开始发货。厂库应按照合约要求的交割质量标准发货，并应向货主出具符合交易所要求的品质凭证作为结算质量升贴水的依据。

厂库应在货主的监督下进行抽样、取样及粒度检测，具体操作按照《工业硅国标》和相关作业指导文件执行，粒度检测合格后，经双方确认将样品封存，并将样品保留至发货日后的30个自然日。

工业硅出库完成后，厂库应与提货人对相关事宜进行书面确认，厂库妥善保存相关材料。

七、交割环节存在哪些费用？

工业硅期货交割手续费为1元/吨，仓储费为1元/吨·天。

广州期货交易所规定的工业硅出入库费用最高限价如表9-4所示。

表9-4　广州期货交易所工业硅期货交割仓库出入库费用等最高限价

收费项目	运输方式	最高限价	计量单位	作业内容
入库费	汽车运输	20	元/吨	由汽车卸下至库内归垛的全部费用（含卸车、过磅、归垛等费用）
	铁路运输	25	元/吨	由火车卸下至库内归垛的费用（含卸车、过磅、归垛、铁路代垫费等费用），不包括转场费用
出库费	汽车运输	20	元/吨	由库内垛位装上汽车的全部费用（含装车、过磅等费用）
	铁路运输	25	元/吨	由库内垛位装上火车的费用（含装车、过磅、铁路代垫费等费用），不包括转场费用
配合检验费		20	元/吨	配合质检机构进行取样的费用，按照每检验批次实际取样吨数计

资料来源：广州期货交易所（若内容有更新，请以交易所官网为准：www.gfex.com.cn）。

广州期货交易所规定的检验费用如表9-5所示。

表9-5　广州期货交易所工业硅期货质检费用标准

交割品	检验费用（最高限价，元）	计量单位	作业范围	备注
基准交割品	3200	批次	取样、制样、化验（项目包括铁、铝、钙、磷、硼、碳、粒度）及检验报告出具	1. 以上检验均为含税（6%）价格 2. 证书默认为电子版，纸质证书另行收费，收费标准以质检机构相关规定为准（两种证书介质，只能选定其中一种）
替代交割品	3600		取样、制样、化验（项目包括铁、铝、钙、磷、硼、碳、钛、镍、铅、钒、粒度）及检验报告出具	

资料来源：广州期货交易所（若内容有更新，请以交易所官网为准：www.gfex.com.cn）。

(一) 卖方交割费用计算

除工业硅的储运费用以外，工业硅的交割还涉及保证金的资金占用成本和增值税，卖方交割费用计算公式如下：

卖方交割费用 = 入库费 + 仓储费 + 资金成本 + 增值税

以进入交割月开始持有空单为例进行计算，大约需要20天交割完毕，假设资金成本为8%，保证金比例为20%，工业硅现货价及交割结算价分别以13700元/吨和14000元/吨计算，那么每吨工业硅需要的交割费用如表9-6所示。

表9-6　　　　　　　　　　卖方交割成本计算

	工业硅卖交割成本项目表	
1	期货交易手续费	1.4元/吨
2	仓储费	1元/吨·天×20=20元/吨
3	交割费	1元/吨
4	入库费·汽运	20元/吨
5	配合检验费（按一批检验1/4计）	20元/吨×1/4=5元/吨
6	质检费（按一批60吨计）	3200元/60吨=53.33元/吨
7	现货资金成本	13700×8%×20/360=60.89元/吨
8	期货资金成本	14000×8%×20%×20/360=12.44元/吨
9	卖方增值税（按照国家规定价格增值部分11.5%征收）	(14000-13700)×11.5%=34.5元/吨
	总计	207.16元/吨

以上交割费用没有考虑从发货地到交割库的运费以及发货过程中产生的杂费。此外，因工业硅期货与现货价格均为含税价，以13%的税率计算，价格中税的比例为11.5% [13%÷(1+13%)]。

(二) 买方交割费用计算

买方交割完毕后若直接提出货物，则不需要仓储费用，买方交割费用计算公式如下：

买方交割费用 = 出库费 + 资金成本

以进入交割月开始持有多单为例进行计算,大约需要 20 天交割完毕,假设资金成本为 8%,保证金比例为 20%,工业硅期货价格以 14000 元/吨计算,那么每吨工业硅需要的交割费用如表 9-7 所示。

表 9-7　　　　　　　　买方交割成本计算

	工业硅买交割成本项目表	
1	期货交易手续费	1.4 元/吨
2	交割费	1 元/吨
3	出库费:汽车	20 元/吨
4	期货资金成本	14000×8%×20%×20/360 = 12.44 元/吨
	总计	34.84 元/吨

近年来,期货交易所通常会阶段性地减免商品期货的部分交易费用,相关费用减免未在上述计算中反映。2024 年 1 月 8 日,广州期货交易所就曾发布通知,自 2024 年 1 月 10 日至 2024 年 12 月 31 日,广州期货交易所的全部期货品种免收交割手续费、标准仓单期转现手续费、标准仓单转让货款收付手续费和标准仓单作为保证金手续费。

八、交割质量争议如何处理?

(一)交割仓库交割的质量争议

货主对仓库出库商品质量有异议的,先与仓库协商解决。协商不成的,货主应在标准仓单注销之日起 10 个工作日内(含当日)且货物已交付但未出库的情况下,以书面形式向交易所提出复检申请。复检申请应说明仓库名称和需要复检的商品数量、质量指标、生产厂家及牌号和货物所在垛位号等,留存联系方式,并加盖货主公章。未在规定时间内以规定方式提出申请的，视为货主对出库商品质量无异议。交易所委托指定质量检验机构进行复检，复检结果为解决争议的依据。复检费用由货主先行垫付。

对于非免检入库的商品，复检结果与入库质量检验结果相符的，由此产生的相关费用（检验费、差旅费和仓储费等）和损失由货主负担；否则，由仓库负担。

对于免检入库的商品，复检结果与产品质量证明书结果相符的，由此产生的相关费用（检验费、差旅费和仓储费等）和损失由货主负担；否则，由生产厂家负担。复检结果与产品质量证明书结果不相符，或虽相符但非免检品牌的，除货主和生产厂家另有约定的以外，生产厂家应在收到或应当收到复检结果之日起 15 个自然日内在原交割地点为货主换货，逾期未完成换货的，按照每日每吨 10 元的标准向货主支付赔偿金，生产厂家在收到或应当收到复检结果之日起 60 个自然日内未完成换货的，应向货主赔偿所有损失。

（二）交割厂库交割的质量争议

货主对厂库出库商品质量（主要杂质元素是铁、铝、钙）有异议的，先与厂库协商解决。协商不成的，货主应在按照规定封存样品后（不含当日）的 10 个工作日内（含当日）以书面形式向交易所提出复检申请。未在规定时间内以规定方式提出申请的，视为货主对出库商品质量无异议。交易所委托指定质量检验机构对封存的样品进行复检，并以该样品复检结果作为解决争议的依据。复检费用由货主先行垫付。

复检结果与厂库认定的检验结果相符的，由此产生的相关费用（检验费、差旅费和仓储费等）和损失由货主负担；否则，由厂库负担。

九、交易所对交割违约情况是如何规定的？

在期货交割的过程中，由于保证金制度的存在，交割违约极少发生。

广州期货交易所规定，在规定时间内，卖方未能如数交付标准仓单，买方未能如数解付货款的，构成交割违约。若出现交割违约的情况，一般由违约方支付违约部分合约价值的20%作为违约金给守约方。

厂库仓单出库时和货主要求出库时的价格可能不一样，当价格处于上涨通道时，厂库具有放慢发货的意愿，当价格处于下跌通道时，厂库具有加速出库的意愿。为了防止类似情况发生，交易所对厂库设置了日发货速度的要求，如厂库不按规定的日发货速度发货，即使在规定的发货期内完成全部发货任务，仍被认定为违约，应向货主支付相应的赔偿金。

拿到仓单之后，货主在仓单有效期内随时可向厂库提出提货要求。同样，在对其不利的价格形势下或其他情况下，货主可能具有消极接货的倾向。因此，交易所在对厂库方规定日发货速度的同时，对货主提货也进行了相应规定，如厂库以不高于日发货速度向货主发货，货主因运输能力等原因无法按时提货，货主应向厂库支付滞纳金。

广州期货交易所规定，厂库若未按规定的日发货速度发货，但按时完成了所有商品的发货，厂库应按日出库速度应发而未发的商品数量向货主支付赔偿金。厂库未按时完成所有商品的发货，在针对发货速度缓慢进行赔偿的基础上，还应按应发而未发的商品数量，向货主支付赔偿金。当厂库发生违约行为时，厂库应向货主支付赔偿金。厂库未支付或支付数额不足的，交易所可使用厂库出具的银行保函等交易所认可的担保方式予以清偿。

在提货期限届满之日后（不含当日）且在标准仓单注销日后（不含注销日）的19个自然日内（含当日）到厂库提货，货主应向厂库支付滞纳金，厂库仍应按照期货标准承担有关商品质量、发货时间和发货速度的责任，直至发完全部期货商品。货主在标准仓单注销日后（不含注销日）的19个自然日后（不含当日）到厂库提货，货主应当向厂库支付滞纳金，同时厂库将不再按照期货标准承担有关商品质量、发货时间和发货速度的责任。

不过，因不可抗力导致无法发货或提货时，厂库或货主无须支付滞纳金或赔偿金。不可抗力包括恶劣天气、洪水、地震或泥石流等自然灾害、法规政策变化等无法预见、无法避免且无法克服的客观情况。

十、厂库交割和仓库交割有何异同?

仓库交割和厂库交割的区别具体如下。

两者仓单的生成不同。在生成仓单环节,仓库交割包括交割预报、入库及验收、标准仓单注册等环节;而厂库交割是向交易所提交交易所认可的银行履约担保函或其他担保凭证即可注册仓单。

两者的出库流程不同。在仓单出库环节,如果是仓库交割,持有提货通知单或提货密码的货主应在实际提货日5个自然日前与仓库联系有关出库事宜,并在标准仓单注销日后10个工作日内(含当日)到仓库提货。如果是厂库交割,货主应在标准仓单注销日后(不含注销日)的4个自然日内(含当日)到厂库提货。

两者的质检流程不同:仓库交割在工业硅入库时,交割仓库应委托指定质量检验机构对入库商品进行质量检验。厂库交割是在货主的监督下进行货物抽样、取样及粒度检测,经双方确认后将样品封存,若货主对厂库出库商品质量有异议,再与厂库协商解决。协商不成的,可以在规定时间内向交易所提出复检申请。

自测题

一、单项选择题

1. 以下关于工业硅实物交割的描述错误的是(   )。
A. 绝大多数的期货合约通过对冲平仓的方式了结
B. 只有很小比例的期货合约最终会进行实物交割
C. 实物交割将期货市场与现货市场紧密联系起来

D. 工业硅期货的交割以一次性交割为主

2. 以下有关工业硅期货交割规则描述错误的是（　　）。

A. 工业硅期货交割标准采用质量标准认证方式

B. 2024年广州期货交易所对工业硅期货交割标准进行了修订

C. 工业硅基准交割品为《工业硅国标》中的Si4210牌号

D. 工业硅期货的交割以5吨为一个单位

3. 以下关于工业硅期货交割仓库描述错误的是（　　）。

A. 工业硅指定交割库分为基准交割库和非基准交割库

B. 工业硅期货非基准交割区域为天津、广东、四川、云南、新疆

C. 工业硅期货非基准交割库没有设置贴水

D. 交割区域基于生产、消费、贸易活跃度等因素进行选取

二、判断题

1. 经交易所注册后，标准仓单可用于交割、交易、转让、提货、作为保证金。　　　　　　　　　　　　　　　　　　　　　（　　）

2. 工业硅一次性交割的交割结算价采用交割配对日的当日结算价。
　　　　　　　　　　　　　　　　　　　　　　　　　　　（　　）

3. 工业硅仓库交割与厂库交割的主要区别在于仓单生成的流程不同。
　　　　　　　　　　　　　　　　　　　　　　　　　　　（　　）

参考答案

一、单项选择题

1. D　　2. C　　3. C

二、判断题

1. √　　2. ×　　3. ×

后 记

本书是专为期货交易者编写的一本普及性读物,适合于工业硅产业链企业和普通交易者阅读。

本书注意实用性、趣味性,以通俗易懂的语言、鲜明生动的案例将理论知识简单化,避免了理论知识阐述过程中的呆板僵硬。对工业硅产业链企业而言,本书具有指导实务操作的作用,书中包含了大量套期保值、套利、风险管理的应用型案例,对企业应用工业硅期货和工业硅期权有一定借鉴意义。对于普通交易者而言,本书通过一问一答的形式,由浅入深地剖析工业硅的基本面和技术面,有助于交易者快速了解工业硅市场。

与证券、债券等金融工具相比,期货作为风险管理工具,专业性强,杠杆率高,风险大,这在客观上要求交易者具备一定的专业投资知识、经济实力以及风险承受能力。"期市有风险,入市需谨慎!"

由于篇幅限制,本书无法尽述相关实体企业及交易者在期货市场上可能面临的所有具体情况,不管是实体企业还是普通交易者,参与期货交易时,都务必结合自身需求,制定科学合理的交易策略。企业参与套期保值要避免变成投机,普通交易者要严格评估自身能力,尽可能地熟悉并掌握交易品种的市场特点及操作技巧,并严格控制交易规模,避免遭受不必要的损失。

作为《期货交易者教育系列丛书》之一，本书由中国期货业协会组织编写，中信建投期货有限公司王彦青、刘佳奇、虞璐彦、王贤伟、刘城鑫同志承担了本书的具体编写任务。广州期货交易所对本书书稿进行了审阅并提出了宝贵建议。本书在编写过程中还得到了中国证监会期货司、广州期货交易所和中信建投期货有限公司领导的指导和帮助，在此表示衷心的感谢！书中的错误之处，敬请批评指正。

中国期货业协会《期货交易者教育系列丛书》编委会

2025年6月

 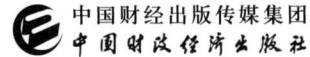

书 单
FUTURES

一、系列

序号	系列
(一)	期货交易者教育系列图书
(二)	金融衍生品系列丛书
(三)	中国期货业发展创新与风险管理研究
(四)	中国期货市场年鉴
(五)	"讲故事 学期货"金融国民教育丛书
(六)	全国期货从业人员资格考试参考用书
(七)	服务实体经济系列
(八)	期货投资者保护丛书
……	……

二、明细

(一) 期货交易者教育系列图书

序号	书名	书号
1	铜期货	978-7-5223-0293-5
2	精对苯二甲酸(PTA)期货	978-7-5223-1405-1
3	玉米期货	978-7-5223-2467-8
4	铝期货	978-7-5223-2980-2
5	小麦	978-7-5095-3183-9
6	锌期货	978-7-5223-3913-9
7	线型低密度聚乙烯、聚丙烯和聚氯乙烯期货	978-7-5223-2982-6
8	早籼稻	978-7-5095-3076-4

续表

序号	书名	书号
9	棉花期货	978-7-5223-2276-6
10	燃料油期货	978-7-5223-2659-7
11	棕榈油期货	978-7-5223-2981-9
12	黄金	978-7-5095-2532-6
13	白糖期货	978-7-5095-8814-7
14	豆类期货	978-7-5095-8815-4
15	焦煤焦炭期货	978-7-5223-2286-5
16	乙二醇期货	978-7-5223-1645-1
17	铅	978-7-5095-4086-2
18	鸡蛋期货	978-7-5095-5803-4
19	铁矿石期货	978-7-5095-5809-6
20	纤维板、胶合板期货	978-7-5095-5810-2
21	石油沥青期货	978-7-5095-5816-4
22	菜籽系期货	978-7-5095-5743-3
23	白银期货	978-7-5095-5955-0
24	玻璃期货	978-7-5095-5697-9
25	动力煤期货	978-7-5095-5802-7
26	稻谷期货	978-7-5095-5826-3
27	原油期货(第二版)	978-7-5223-2342-8
28	苹果期货	978-7-5223-0455-7
29	花生期货	978-7-5223-0967-5
30	生猪期货	978-7-5223-0851-7
31	天然橡胶期货	978-7-5223-1184-5
32	钢材期货	978-7-5223-1175-3
33	甲醇期货	978-7-5223-1295-8
34	纸浆期货	978-7-5223-1277-4
35	纯碱期货	978-7-5223-2285-8
36	镍与不锈钢期货	978-7-5223-2488-3
37	锡期货	978-7-5223-2660-3
38	液化石油气期货	978-7-5223-2931-4
39	工业硅期货	978-7-5223-3776-0
……	……	……

（二）金融衍生品系列丛书

序号	书名	书号
1	股指期货（第二版）	978-7-5095-9432-2
2	场外衍生品（第二版）	978-7-5095-9596-1
3	国债期货（第二版）	978-7-5095-9601-2
4	金融期权（第二版）	978-7-5095-9598-5
5	外汇期货（第二版）	978-7-5095-9597-8
6	结构化产品（第二版）	978-7-5095-9600-5
7	金融衍生品习题集（第二版）	978-7-5095-9599-2

（三）中国期货业发展创新与风险管理研究

序号	书名	书号
1	中国期货业发展创新与风险管理研究（8）	978-7-5095-6907-8
2	中国期货业发展创新与风险管理研究（9）	978-7-5095-7523-9
3	中国期货业发展创新与风险管理研究（10）	978-7-5095-8144-5
4	中国期货业发展创新与风险管理研究（11）	978-7-5223-0213-3
5	中国期货业发展创新与风险管理研究（12）	978-7-5223-1483-9
6	中国期货业发展创新与风险管理研究（13）	978-7-5223-2215-5
7	中国期货业发展创新与风险管理研究（14）	978-7-5223-2819-5
……	……	……

（四）中国期货市场年鉴

序号	书名	书号
1	中国期货市场年鉴（2015）	978-7-5095-6924-5
2	中国期货市场年鉴（2016）	978-7-5095-7503-1
3	中国期货市场年鉴（2017）	978-7-5095-8331-9
4	中国期货市场年鉴（2018）	978-7-5095-9079-9
5	中国期货市场年鉴（2019）	978-7-5095-9869-6
6	中国期货市场年鉴（2020）	978-7-5223-0640-7
7	中国期货市场年鉴（2021）	978-7-5223-1500-3
8	中国期货市场年鉴（2022 中文版）	978-7-5223-2380-0
9	中国期货市场年鉴（2022 英文版）	978-7-5223-2381-7
10	中国期货市场年鉴（2023 中文版）	978-7-5223-2837-9
11	中国期货市场年鉴（2023 英文版）	978-7-5223-2836-2
……	……	……

(五)"讲故事 学期货"金融国民教育丛书

序号	书名	书号
1	走进期货	978-7-5095-7095-1
2	如何进行期货交易	978-7-5095-7092-0
3	期货的套保和套利	978-7-5095-7093-7
4	期货交易中的"规矩"	978-7-5095-4355-9
5	金属期货	978-7-5095-7087-6
6	农产品期货	978-7-5095-7104-0
7	能化期货	978-7-5095-7088-3
8	金融期货	978-7-5095-7094-4
9	期权	978-7-5095-7217-7
10	场外衍生品	978-7-5095-7091-3

(六)全国期货从业人员资格考试参考用书

序号	书名	书号
1	期货及衍生品基础(第三版)	978-7-5223-1005-3
2	期货法律法规与职业道德(第二版)	978-7-5223-2897-3
3	期货及衍生品分析与应用(第四版)	978-7-5223-0998-9

(七)服务实体经济系列

序号	书名	书号
1	期货行业助力复工复产案例集	978-7-5223-0168-6
2	期货服务实体经济案例集	978-7-5095-8029-5
……	……	……

(八)期货投资者保护丛书

序号	书名	书号
1	期海导航——期货投资常识与基础知识	978-7-5223-1045-9
2	期海护航——期货交易者合法权益保护	978-7-5223-1531-7

咨询电话：010-88190912

咨询邮箱：jiayanping@cfemg.cn